Elke Barten
München sehen und erleben

Elke Barten

München sehen und erleben

Stadtführer für Kinder
und Eltern

W. Ludwig Buchverlag

Für Peter

1989

ISBN 3-7787-3254-4

Gesamtherstellung: Ilmgaudruckerei Pfaffenhofen
Umschlaggestaltung: *Wilhelm Maier-Solgk*, München

Inhalt

Liebe Eltern,

als ich in den 60er Jahren mehrmals in München zu Besuch war, hatte ich immer wieder den Wunsch, meinen beiden Kindern meine Geburtsstadt näherzubringen. Da die eigenen Kenntnisse nicht ausreichten, durchstöberte ich vergeblich sämtliche Münchner Buchhandlungen in der Hoffnung, einen Stadtführer für Eltern und Kinder zu finden.

Nachdem ich nun seit einigen Jahren wieder in München lebe und mich in dieser Zeit sehr intensiv mit der Stadtgeschichte beschäftigt habe, entschloß ich mich, einen kindergerechten Stadtführer zu schreiben. Kindergerecht heißt, auf die Bedürfnisse von Kindern einzugehen, ihre Interessen und Möglichkeiten zu berücksichtigen und sie nicht zu überfordern.

Da Kinder in der Regel noch kein geschichtliches Verständnis haben, wird auf Jahreszahlen weitgehend verzichtet. Dafür liegt das Hauptgewicht auf Erzählungen und Sagen, die sich um viele Münchner Gestalten, Straßen, Plätze und Gebäude ranken. Die relativ kurzen Wege sind so gewählt, daß Straßen ungefährdet überquert werden können und zum Vorlesen der Geschichten – wenn irgend möglich – ein ruhiger Platz oder eine verkehrsarme Ecke zur Verfügung stehen.

Dieser Führer setzt bei Kindern kein besonderes Alter voraus. Erfahrungsgemäß lassen sich nicht nur kleinere, sondern auch ältere Kinder, ja selbst manche Erwachsene von alten Geschichten begeistern. Nicht umsonst erleben Märchen aller Art heute ein unerwartetes Comeback.

Auch erscheint es mir sinnvoll, in einer Zeit, in der die Menschen kaum noch eine Beziehung zu ihrem Wohnort entwickeln und immer öfter immer weiter fahren müssen, um Abwechslung zu finden, Kinder schon früh für ihre nähere Umgebung zu interessieren. So werden sie auch als Erwachsene mehr am Leben, an den Problemen und Ereignissen ihres eigenen Lebensraumes Anteil nehmen. Sie werden sich zu Hause wohlfühlen und nicht unbedingt ihr Glück in der Ferne suchen müssen.

Liebe Kinder,

ich weiß natürlich nicht, ob Ihr nur in München zu Besuch seid, ob Ihr hier schon einige Zeit wohnt, oder gar in dieser Stadt das Licht der Welt erblickt habt, also richtige Münchner Kindl seid. Aber das ist auch gar nicht so wichtig. Wichtig ist nur, daß Ihr Euch mit Euren Eltern oder Großeltern, mit Onkel oder Tante auf den Weg machen wollt, um München kennenzulernen.

800 Jahre ist die Stadt alt und viel ist in dieser langen Zeit geschehen, das könnt Ihr mir glauben. Es gab fröhliche und traurige Ereignisse, die Menschen haben gelacht und geweint. Grausame Kriege und schreckliche Seuchen sind über die Stadt hinweggezogen, aber auch großartige Feste haben in ihren Mauern stattgefunden.

Heute ist München eine Großstadt, in die jedes Jahr tausende von Besuchern aus aller Welt kommen. Also muß es hier doch etwas Besonderes zu sehen geben! Warum nicht auch für Euch? Also, auf gehts! Erobert Euch Eure Stadt. Ihr werdet viel sehen und erleben und feststellen, daß man auch heute noch Kaisern, Königen, Handwerksburschen und sogar Gespenstern „begegnen" kann.

Viel Spaß dabei!

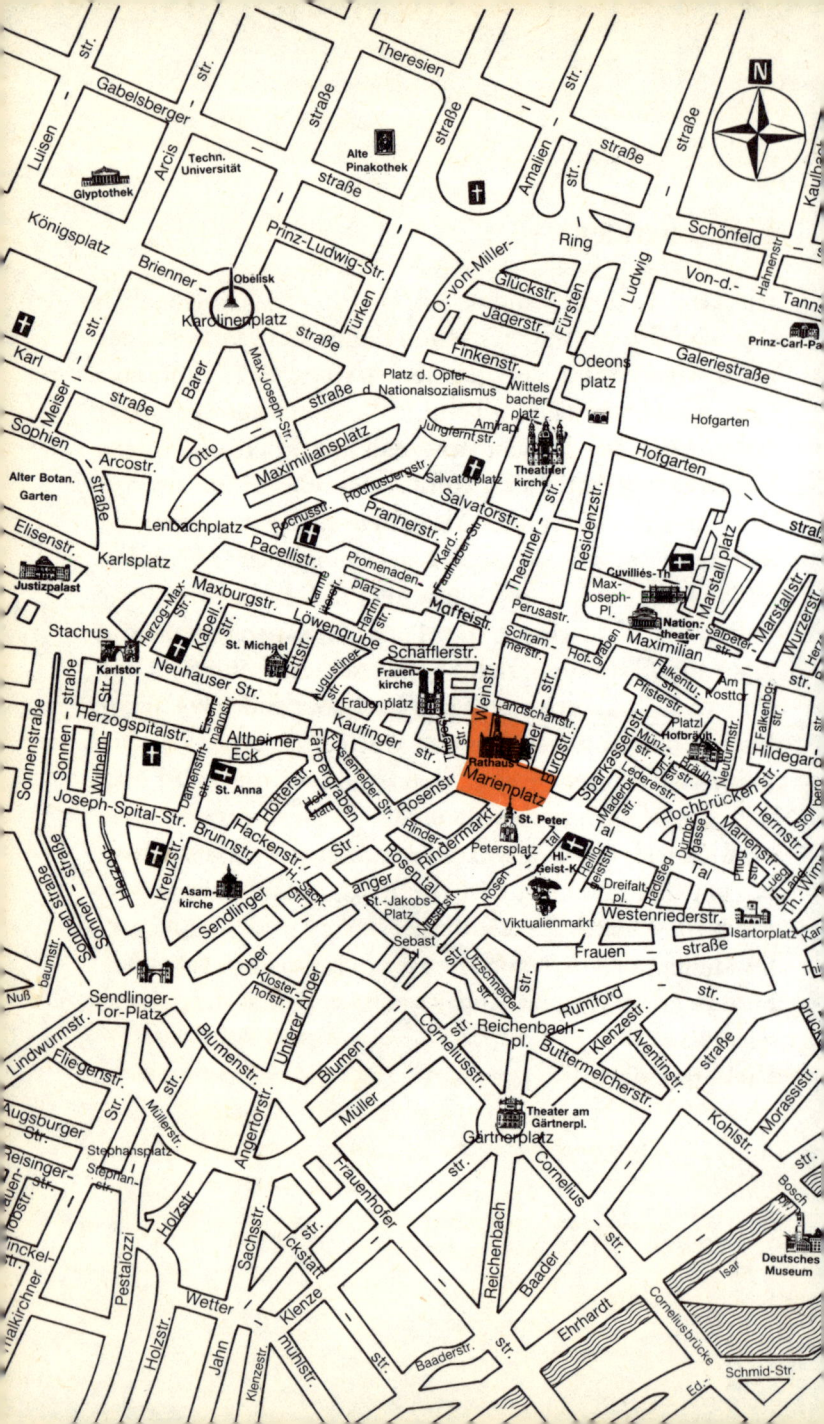

1. Spaziergang
Ausgangspunkt: Marienplatz – Mariensäule

Der Marienplatz ist seit ewigen Zeiten das Herz unserer Stadt. Man kann auch sagen, er ist Münchens „Festsaal" oder „Gute Stube". Über ihn gibt es so viel zu erzählen, daß wir uns bei diesem Spaziergang nur auf dem Platz aufhalten werden. Für die eine oder andere Geschichte können wir es uns auch auf den überall herumstehenden Stühlen bequem machen.

Bis vor etwa 130 Jahren wurde auf dem „Schrannenplatz", wie er damals hieß, an allen Wochentagen Markt abgehalten. Am Montag z. B. war Weinmarkt, am Dienstag und Mittwoch Getreidemarkt und vor und an den Festtagen verkauften die Isarfischer ihre frischgefangenen Fische. Sonn- und feiertags wurden Hunde und Vögel angeboten und an allen Tagen konnte man frisches Obst, Gemüse, Kräuter und Eier kaufen. Wir können uns vorstellen, daß da im Mittelalter in München schon ein ganz schönes Verkehrsgetümmel war. Auf dem Schrannenplatz kreuzte die Salzstraße, die vom Tal herauf in Richtung Neuhausen führte, eine andere große Handelsstraße. Auf dieser wurden Waren von Venedig nach Augsburg transportiert. Täglich rumpelten viele schwerbeladene Kaufmannswagen in die Stadt. Die meisten waren mit Salz bepackt, das früher eine kostbare Handelsware war, andere mit teuren Stoffen aus Flandern oder mit duftenden Gewürzen aus dem Orient.

11

Auch Baumaterial oder Leder wurden in die Stadt gebracht. Dazu drängten Bauernfuhrwerke durch die engen Gassen, beladen mit Heu, Getreide, Wein, Gemüse, Obst und Blumen.

Auf dem Schrannenplatz fanden auch große Turniere statt, Kaiser wurden festlich empfangen, Fürstenhochzeiten prunkvoll gefeiert. Man kam zu Schäffler- und Faschingstänzen, zum Sonnwendfeuer und Metzgersprung, von dem wir später noch Genaueres erfahren. Hier stand der Pranger, ein steinerner Pfahl, an den Verbrecher angebunden wurden, damit jedermann sie in Ruhe betrachten und beschimpfen konnte. Aber auch Todesurteile wurden vollstreckt.

So wurde der betrügerische Münzmeister Schmiechen, der – allerdings auf Geheiß des Landesherrn – den Münzen zu wenig Silber beigemischt hatte, von der aufgebrachten Menge erschlagen.

Der gefürchtete Raubritter Diez von Schaumburg wurde hier geköpft. Von dieser Hinrichtung erzählt man sich folgendes:

Zusammen mit dem Raubritter wurden seine vier Komplizen zum Tode verurteilt. Der Ritter gab zwar alle seine Schandtaten zu, bat aber für seine vier Knechte um Gnade. Die Richter lehnten ab. Da stellte der Ritter eine seltsame Bitte: „Hohe Richter, es ist üblich, daß ein zum Tode Verurteilter noch einen Wunsch frei hat. Mein Wunsch ist der: Stellt mich und meine Knechte bei der

Hinrichtung in einer Reihe auf und beginnt bei mir mit dem Köpfen. Jeder meiner Leute, an dem ich als Geköpfter noch vorbeilaufen kann, soll begnadigt werden." Dieser Bitte gaben die Richter nach, denn sie dachten, ein Geköpfter könne doch nicht laufen. Am Tag der Hinrichtung kniete der tapfere Ritter nieder und ihm wurde als erster mit einem einzigen Hieb der Kopf abgeschlagen. Während das Haupt zu Boden fiel, sprang der Ritter auf, wankte an seinen 4 Knechten vorbei und fiel dann endgültig tot um. Die Zuschauer jubelten vor Begeisterung über diese Heldentat.
Man begrub den Ritter mit allen Ehren an der Stelle, an der sein Kopf niedergefallen war. Seine vier Leute aber wurden begnadigt und erhielten ihre Freiheit.

Bis heute hat sich auch die Geschichte von der Hinrichtung des Marco Bragadino erhalten:

Er war ein Günstling von Herzog Wilhelm V., der immer in Geldnot war. Bragadino nützte dies aus, indem er dem Herzog versprach, aus Quecksilber Gold herstellen zu können. Als sich herausstellte, daß er ein Betrüger ist, wurde er auf dem Schrannenplatz hingerichtet. Man hatte dazu eigens eine rot gestrichene Bühne aufgebaut, auf der ein Galgen mit einem vergoldeten Strick stand. Der Galgen sollte zeigen, welche Todesart Bragadino eigentlich verdient hätte. Aus nicht mehr bekannten Gründen wurde er aber nicht gehenkt, sondern enthauptet.

Mitten auf dem Platz steht die Mariensäule. Die Säule selbst ist 11 m hoch, die Figur mißt 2,25 m. Die Balustrade grenzt den „Heiligen Bezirk" ab. Auf dem Sockel sehen wir vier Heldenputti, das sind Engelskinder. Sie bekämpfen die vier Hauptübel der alten Zeit: Hunger, Krieg, Unglaube und Pest. Sie werden symbolisiert durch den Drachen, den Löwen, die Schlange und den Basilisk, ein Fabelwesen, halb Drache, halb Hahn mit tödlichem Blick. Die Mariensäule ist der geometrische Mittelpunkt Bayerns. Bis heute werden alle von München ausgehenden Straßen von hier gemessen. Aufgestellt wurde die Säule vor ungefähr 350 Jahren vom bayerischen Landesfürsten Maximilian als Dank dafür, daß München nicht zerstört worden war. Es tobte nämlich damals in Deutschland ein schrecklicher Glaubenskrieg, der 30 Jahre dauerte, der sogenannte Dreißigjährige Krieg. Die Katholiken kämpften gegen die Protestanten. König Gustav Adolf von Schweden, ein Protestant, war gegen die katholischen Bayern in den Krieg gezogen und rückte mit 40 000 Soldaten auf München zu. Viele Dörfer rund um die Stadt waren schon geplündert und in Brand gesetzt worden, und die Münchner hatten fürchterliche Angst, daß sie und ihre Stadt ein gleiches Schicksal erleiden müßten. So wurde eine Abordnung zum Schwedenkönig geschickt. Nach zähen Verhandlungen erklärte sich der König bereit, München zu verschonen, wenn man ihm 300 000 Reichstaler zahlen würde. Das war eine ungeheure Summe.

Trotz einer gewaltigen Sammelaktion konnten nur
100 000 Taler aufgebracht werden. So verlangte der
König als Ersatz für das noch fehlende Geld 42 Geiseln,
21 aus dem geistlichen und 21 aus dem weltlichen Stand.
Die armen Männer mußten mit dem feindlichen Heer
ziehen und wurden 3 Jahre lang herumgestoßen, ehe sie
in ihre Heimat zurückkehren konnten. Nach dem
Abzug der Schweden hatten die Münchner alle Hände
voll zu tun, um in der total verwüsteten Umgebung der
Stadt die Leichen zu begraben und die schlimmsten
Schäden zu beseitigen. Der Krieg hatte seine Spuren
hinterlassen: In Bayern waren etwa 900 Städte und
Dörfer zerstört worden und über die Hälfte der Bevölkerung hatte ihr Leben lassen müssen.
Auch heute noch ist die Mariensäule ein beliebtes Ziel für
Wallfahrer aus ganz Bayern.
Das Neue Rathaus konnte vor etwa 100 Jahren erst
gebaut werden, nachdem man 24 schöne, alte Bürger-
häuser abgerissen hatte. Am 21. Geburtstag des Mär-
chenkönigs Ludwig II. legte man den Grundstein. An
der Fassade sehen wir unzählige Figuren aus Stein. Sie
stellen bayerische Herzöge, Fürsten und Könige, Heilige und Sagengestalten, Tierfratzen und Wappen dar.
Der Rathausturm ist 80 m hoch, seine Spitze krönt das
Münchner Kindl, Münchens Stadtwappen, das einen
Benediktinermönch aus der ersten Ansiedlung „Muni-
chen" zeigt. In der ganzen Welt berühmt ist das Glok-
kenspiel mit seinen 43 Glocken. Die obere Figuren-

gruppe zeigt die Hochzeit von Herzog Wilhelm V. mit Renata von Lothringen im Jahre 1568.

Es war das glänzendste Fest des Jahrhunderts, und in ganz Europa wurde noch jahrelang davon erzählt. Aus allen Teilen des Reiches kamen Fürsten und Abgesandte, um mitzufeiern. Die Braut wurde aus Neuhausen abgeholt, wo man für sie und ihren Bräutigam zwei Prachtzelte aufgestellt hatte. Von hier aus setzte sich ein Zug mit 5640 Reitern in Richtung Innenstadt in Bewegung. Zu den Turnieren auf dem Schrannenplatz kamen Kämpfer und Pferde in sonderbarer Vermummung und Verkleidung. Da gerade Faschingszeit war, fand auch ein Kübelstechen statt. Die Ritter erschienen nicht gepanzert, sondern dick mit Heu gepolstert und einem Kübel auf dem Kopf. Zum Vergnügen der Zuschauer mußten sie versuchen, sich gegenseitig mit langen Lanzen die Kübel vom Kopf zu stoßen. Man feierte drei Wochen lang, und es wurden 400 verschiedene Gerichte serviert. 521 Ochsen mußten ihr Leben lassen. Man kochte, schmorte oder briet Pfauen, Fasane, Rebhühner, Haselhühner, Kapaunen (Masthähne), Ferkel, Lämmer, Hirsche, Kaninchen, Enten und Fische. Das Hochzeitsfest soll 100 000 Gulden gekostet haben, und die Bader (Badeknecht, Friseur, Arzt und Zahnarzt in einer Person) hatten anschließend alle Hände voll zu tun, denn viele Münchner Bürger hatten sich die Mägen verdorben und mußten behandelt werden.

Unter dieser Figurengruppe sehen wir die tanzenden Schäffler. Schäffler sind Handwerker, die Fässer und andere Gefäße aus Holz herstellen. Sie waren es, die 1517 nach einer furchtbaren Pestepidemie wieder auf die Straßen gingen, um durch ihren Tanz die verängstigten Bürger aufzumuntern und ihnen neuen Lebensmut zu geben. Das Haus, von dem aus sie ihren Tanz begannen, können wir heute noch in der Au sehen, an der Hauswand ist ein Pestkreuz aus Stein angebracht. In früherer Zeit starben Tausende an der Pest. Schuld daran, daß diese furchtbare Seuche immer wieder ausbrechen konnte, waren der Mist, der vor den Häusern lag, der knöcheltiefe Kot, der die Straßen bedeckte, und die Abfälle, die in die Stadtbäche geschüttet wurden. Überall gab es Ungeziefer und das Wasser, das aus Brunnen geschöpft wurde, war verunreinigt. So konnten sich Krankheiten und Seuchen schnell ausbreiten. In der Zeit von 1349 bis 1690 wurde München fünfundzwanzigmal von der Pest heimgesucht. Die Krankheit ergriff zuerst Kinder und schwächere Menschen, erfaßte dann aber auch die Gesunden und Kräftigen. Es fing an mit glühendem Fieber, Schüttelfrost und unerträglichen Kopfschmerzen. Dann brachen am ganzen Körper Beulen auf. Viele Menschen starben schon am ersten Tag der Erkrankung, andere in den nächsten sieben Tagen, und nur wenige kamen mit dem Leben davon. Im Winter 1635 wurden von 20 000 Einwohnern 15 000 von der Pest dahingerafft.

Auch heute noch führen die Schäffler alle sieben Jahre in der Faschingszeit ihren Tanz vor.

Da es früher keine Straßennamen und keine Hausnummern gab, nannte man z. B. die Seite des Marienplatzes, auf der das Rathaus steht, „Sankt Marien mit den lichten Bögen", weil dort der sonnige Teil des Platzes ist und die umliegenden Häuser zur Pfarrei der Marienkirche gehörten. Die gegenüberliegende schattige Seite, die zur Pfarrei der Peterskirche gehörte, hieß „Sankt Peter mit den finst'ren Bögen". Um Sankt Marien herum lagen die Häuser der vornehmen Patrizier (sehr reiche Bürger), die Adelspaläste und die Häuser der wohlhabenden Geschäftsleute, während in der Gegend der Peterskirche die ärmeren Leute wohnten.

Am Fischbrunnen fand einst der Fischmarkt statt. Außerdem feierte man an jedem Rosenmontag den Metzgersprung.

Da kamen die Metzgerlehrlinge, die ihre Lehrzeit beendet hatten, mittags um 12 Uhr, von einem Altgesellen geführt, an den Brunnen. Die Lehrlinge waren ganz in Weiß gekleidet und mit Kalbsschwänzen geschmückt. Sie mußten dreimal um den Brunnen herumgehen, dann wurden sie vom Altgesellen „freigesprochen", d. h. sie wurden zu Gesellen ernannt, durften von nun an mit den anderen Gesellen im Wirtshaus Bier trinken und mit den Mädchen zum Tanzen gehen. Nach der „Freisprechung" sprangen die frischgebackenen Gesellen in den Brunnen, bespritzten die Umstehenden mit Wasser und warfen Nüsse unter die Menge.

Zur Erinnerung an diesen alten Brauch findet auch heute noch alle drei Jahre der Metzgersprung statt. Außerdem soll das Wasser Zauberkräfte besitzen, denn wer hier am Aschermittwoch seine Geldbörse auswäscht, wird das ganze Jahr nicht ohne Geld sein.

Zwischen Marienplatz und dem Tal steht das „Alte Rathaus". Es wurde vor etwa 500 Jahren von Jörg Ganghofer als Tanzhaus erbaut. Zu ebener Erde befanden sich die Brotstube und das Gefängnis. Darüber war der sogenannte Tanzsaal. Er war Versammlungsort und Ratssaal der Bürger, Ballsaal der Patrizierfamilien und offizieller Empfangsraum der Stadtverwaltung. Im Fasching konnte hier jedermann zum Tanzen gehen, und einmal im Jahr war er Begegnungsort des Landesherrn mit Vertretern der Stadt. Am Sonntag nach Dreikönig traf sich in diesem Saal die herzogliche Familie mit den Patriziern. Sie aßen zusammen das Bürgermahl und vergnügten sich anschließend beim Tanz.

Die Figur an der Fassade stellt Kaiser Ludwig den Bayern dar. Er blickt auf „seinen" Marienplatz, denn er war es, der jede künftige Bebauung des Platzes verbot.

Der „Alte Rathausturm" gehörte zur ersten Stadtbefestigung Münchens und wurde „Talburger Tor" genannt. Heute befindet sich hier ein sehenswertes Spielzeugmuseum.

Wenden wir uns weiter nach rechts, so sehen wir an einer Hauswand, aus Mosaiksteinchen gefertigt, eine überlebensgroße Figur. Es ist der heilige Onuphrius, von den Münchnern „Christophl vom Eiermarkt" genannt, da er wie der heilige Christophorus aussieht. Als auf dem Marienplatz noch Markt abgehalten wurde, hatten hier die Eierhändler ihren Platz.

Onuphrius war ein persischer Königssohn, der von seinem grausamen Vater verstoßen wurde. Er zog in die Wüste und lebte dort 60 Jahre lang als Einsiedler. Er war von riesenhafter Gestalt, und das Haar hing ihm bis auf die Erde. Als er schon alt war, verließ er die Wüste, zog in der Welt umher und erwies den Menschen durch seine Wundertaten viel Gutes. Lange nach dem Tode des heiligen Mannes hörte Heinrich der Löwe, der Gründer Münchens, auf einer Reise ins Morgenland von den wunderbaren Taten des Onuphrius. Er erwählte ihn daraufhin zu seinem Schutzpatron und brachte seine Hirnschale als Reliquie mit nach München (Reliquien sind Überreste der Heiligen oder Gegenstände, die zu Christus oder den Heiligen in Beziehung standen).

Wir gehen weiter und überqueren die Rindermarktstraße. Wenn wir vor dem Peterhof stehen, sind wir an der Geburtsstätte der Weißwurst.

Damals trug das Gasthaus den Namen „Zum ewigen Licht" und sein Wirt war der Moser Sepp. Er bekam eines

Tages unerwartet viele Gäste. Als er merkte, daß seine Bratwürste nicht reichen würden, verlängerte er das Brät mit Kalbsknochengefriesel und würzte es mit Zitronenschale und Petersilie. So entstand am 22. Februar 1857 die erste Weißwurst.

Inzwischen sind die Weißwürste zum Leibgericht vieler Bayern geworden und man sagt, die Würste dürften das Zwölf-Uhr-Läuten nicht hören, womit gemeint ist, daß sie vormittags am besten schmecken. Zum richtigen Weißwurstessen gehört natürlich eine Brez'n, über deren Entstehung es auch eine Geschichte zu erzählen gibt:

In alter Zeit mußte in der Fastenzeit wirklich auf allerlei Genüsse verzichtet werden. So suchten die Mönche nach einer frommen Speise, die sowohl gut schmeckt als auch satt macht. Sie legten eine dünne Teigrolle in die Form beim Gebet gekreuzter Arme. Vor dem Backen tauchten sie sie in kochende Natronlauge und bestreuten das Ganze mit Salz. Nun hatten sie ihre fromme, wohlschmeckende und sättigende Fastenspeise, die sich bis heute bei jung und alt großer Beliebtheit erfreut.

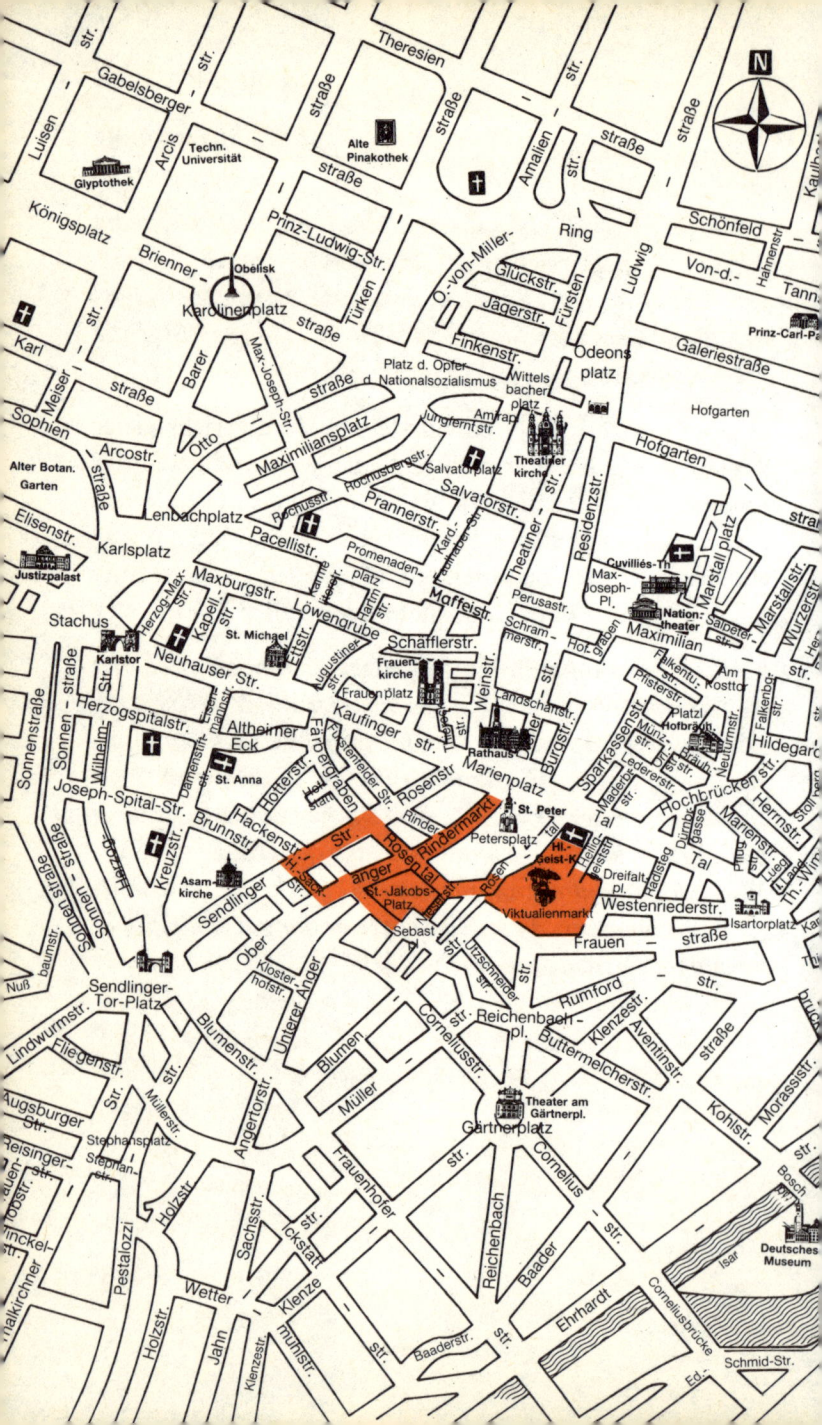

2. Spaziergang
Ausgangspunkt: Alter Peter

Der „Alte Peter" ist Münchens älteste Kirche. Er stand schon 100 Jahre auf dem Petersberg, als München im Jahre 1158 gegründet wurde. Man kann sich vorstellen, daß diese Kirche in den 900 Jahren ihres Bestehens viel erlebt hat. So ist sie einmal abgebrannt, dann hat der Blitz in den Turm eingeschlagen, und im 2. Weltkrieg wurde sie durch Bomben so schwer beschädigt, daß man zunächst nicht an einen Wiederaufbau dachte und die Reste wegsprengen wollte. Wenn man den Turm betrachtet, so sieht man zunächst, daß er 8 Uhren hat, „so können 8 Leute gleichzeitig die Uhrzeit ablesen" , meinte Karl Valentin, ein bekannter Münchner Volkskomiker dazu. Wenn wir jetzt noch etwas genauer hinsehen, bemerken wir, daß die Turmspitze ein klein wenig schief ist, und damit hat es folgende Bewandtnis:

Wie jeder weiß, hegt der Teufel einen tiefen Groll gegen jede Kirche. Als im Jahre 1607 der Blitz einschlug und den Turm des Alten Peter zerstörte, war der Höllenfürst außer sich vor Freude. Welche Wut packte ihn aber, als die Münchner einen neuen Turm bauten, mit einer Galerie umgeben, von der zu bestimmten Zeiten auch noch fromme Lieder erklangen. So machte er sich eines Nachts mit einigen Unterteufeln auf den Weg zur Peterskirche, hängte sich mit ihnen zusammen an die Spitze des Turmes

*und versuchte, sie abzureißen. Er hatte aber nicht mit
dem Turmwächter Heinz gerechnet, der den höllischen
Lärm hörte, ein großes Holzkreuz von der Wand riß und
damit auf die Galerie stürzte. Mit aller Kraft schlug er auf
die Teufel ein, bis nach und nach alle Unterteufel
losließen. Nur der Oberteufel wollte nicht weichen. Aber
Heinz kämpfte tapfer weiter, obwohl der Sturm, ein
Bundesgenosse des Teufels, ihn fast von der Galerie riß.
Endlich schlug es 1 Uhr. Da war der Höllentanz mit
einem Schlag zu Ende. Am nächsten Morgen lief Heinz
gleich zum Stadtrat und erzählte von seinem nächtlichen
Erlebnis. Aber niemand schenkte ihm Glauben, bis
plötzlich jemand ausrief: „Seht nur, die Turmspitze ist
schief!" Nun wußten alle, daß der Turmwächter die
Wahrheit gesprochen hatte, und in der ganzen Stadt
wurde er als Held gefeiert.*

Wollen wir München von oben betrachten, so steigen
wird über die 303 Stufen hinauf zur Galerie des Turmes.
Die Mühe lohnt sich, denn von hier hat man einen
herrlichen Blick über die ganze Stadt.
Bevor wir weitergehen, werfen wir noch einen Blick in
die Kirche. Sie ist reich ausgestattet und beherbergt viele
kostbare Kunstschätze. Besonders sehenswert ist die
ungefähr 500 Jahre alte Figur des heiligen Petrus, die den
gewaltigen Hochaltar schmückt. Die Tiara (Papst-
krone), die Petrus auf dem Kopf trägt, hat für die
Münchner eine besondere Bedeutung: Stirbt in Rom ein

Papst, so nimmt der Pfarrer von St. Peter der Figur die Krone ab. Erst wenn ein neuer Papst gekrönt wird, erhält Petrus während eines feierlichen Hochamtes seine Krone zurück. So hat München seine eigene Papstkrönung.

Übrigens, als man vor 250 Jahren zur Aufbesserung der Staatskasse in Bayern das Lottospiel einführte, wurden auf dem Petersplatz die Gewinnzahlen ausgerufen. Der Alte Peter ist eines der Wahrzeichen Münchens und wird sogar in einer alten Volksweise besungen. Sicher kennt Ihr alle das Lied: „Solang der Alte Peter am Petersplatz noch steht, solang . . . "

Wir gehen jetzt zum Rindermarkt. Wie wir aus dem Namen erkennen können, wurde hier früher das Vieh ge- und verkauft. Auch der Brunnen, der aus unserer Zeit stammt, weist durch seine Figuren noch auf die ehemalige Bedeutung des Platzes hin. An der oberen Terrasse drängt sich eine Rinderherde, die von einem Hirten bewacht wird. Das Wasser strömt über Steinterrassen und sammelt sich in einem flachen Becken. Ein Ort der Erholung mitten in der Stadt. Wir biegen rechts in das Rosental, früher hieß es „Krottental" (wahrscheinlich nach den Kröten benannt, die im sumpfigen Altwasser des dort fließenden Stadtbaches lebten), und kommen zur Sendlinger Straße. Die Verlängerung der Rosenstraße trägt ab hier den Namen Färbergraben. Er sagt uns, daß hier der Stadtgraben war, der zur Stadtbefestigung gehörte. In den Häusern entlang den Graben

wohnten und arbeiteten die Färber. Wo der Färbergraben auf die Sendlinger Straße trifft, war in alter Zeit der Rabenberg. Die Menschen erzählten sich damals, daß hier die Geister der Gehängten umgingen.

Nachdem wir ein Stück durch die Sendlinger Straße in Richtung Sendlinger Tor gegangen sind, biegen wir links in die Hermann-Sack-Straße ein. An der Hausecke sehen wir einen Moriskentänzer. Er gehört zu einer Gruppe von zehn verschiedenen Tänzern, deren Originale sich im Stadtmuseum befinden. In alter Zeit standen diese Figuren im Tanzsaal des Alten Rathauses. Sie sind eines der kostbarsten Kunstwerke, die München besitzt. Ein Bildhauer namens Erasmus Grasser hat sie vor über 500 Jahren geschaffen. Der Moriskentanz (Mohrentanz) war in Bayern sehr beliebt. In der Faschingszeit wurden eigens Komödianten angeheuert, die den Tanz bei Festlichkeiten als Zwischenspiel vorführten. Er symbolisiert den Kampf zwischen den christlichen Spaniern und den mohammedanischen Mauren. Die Straße endet am Oberanger. Hier, mitten auf der Straße, stand einst das Haus des Scharfrichters. Bevor wir Näheres darüber erfahren, gehen wir rechts zur Fußgängerampel, um dort den Oberanger zu überqueren. Bis wir „Grünes Licht" haben, gehen wir einmal um den hübschen kleinen Brunnen herum, in dem ein Mädchen auf einer Schildkröte sitzt. Das Mädchen neigt sich anmutig nieder und legt behutsam seine Hand an den Kopf der Wasserschildkröte, die in weitem Bogen Wasser in das Becken pustet.

Haben wir die Straße überquert, gehen wir geradeaus auf einem kleinen Weg, am Parkplatz vorbei, in Richtung St.-Jakobs-Platz. Hier können wir uns die Geschichte von Münchens letztem Scharfrichter anhören:

Er hieß Martin Hörmann und wohnte nur ein kleines Stück vom Rabenberg entfernt, auf dem die Seelen der Unglücklichen, die er hingerichtet hatte, ruhelos umhergeisterten. Wie alle Scharfrichter galt auch er als ein Mann ohne Ehre. Er und sein Besitz waren unberührbar, das heißt, sie galten als unrein und wurden verachtet. Deshalb stand das Haus auch mitten auf der Straße. Dem Henker war es verboten, ein öffentliches Bad zu besuchen oder sich im Wirtshaus zu den anderen Gästen zu setzten. Auch bekam er kein „ehrliches" Begräbnis, sondern wurde – wie die von ihm hingerichteten Verbrecher, oder wie Selbstmörder – unter dem Galgen verscharrt. Nicht weit entfernt vom Henkershaus stand das Haus des Pestrauchers, der in Pestzeiten die eingehenden Briefe und Pakete durch Räuchern von vermeintlichen Pestbazillen befreien mußte.

Der kleine Fußweg mündet in den St.-Jakobs-Platz, auf dem bis ins vorige Jahrhundert der Heumarkt abgehalten wurde und wo eine öffentliche Heuwaage stand, auf der die Händler ihr Heu abwiegen konnten. Schon vor etwa 670 Jahren fand an drei aufeinanderfolgenden Tagen um Jakobi (25. Juli) die Jakobidult statt. Sie war im ganzen süddeutschen Raum bekannt und beliebt.

1392 erwirkte Herzog Stefan beim Papst für München ein Gnadenjahr. Jeder konnte in diesem Jahr in München die Gnade eines vollkommenen Ablasses (Vergebung von Sündenstrafen) erwerben, ohne – wie sonst üblich – die beschwerliche Pilgerfahrt in die Heilige Stadt Rom unternehmen zu müssen. Jeder Gnadesuchende mußte eine Woche in der Stadt bleiben und täglich die Frauenkirche, St. Peter, die Heilig-Geist-Kirche und die St.-Jakobs-Kirche besuchen. In jeder der 4 Kirchen hatte er ein würdiges (Geld-)Opfer zu bringen. Der Zustrom an Pilgern aus ganz Deutschland war ungeheuer. In einer Woche kamen bis zu 60000 Pilger, an einzelnen Tagen bis zu 40000. Die Jakobidult hatte man im Gnadenjahr besonders groß aufgezogen. Kaufleute, Gaukler und Spielleute trieben ihre Geschäfte. Man handelte mit Rosenkränzen und Schmuck, mit Stoffen, Gewürzen, Kerzen, Wundermedizin, scharf gewürzten Speisen und Schmalzgebackenem. Moritatensänger erzählten der staunenden Menge von grausamen oder tieftraurigen Ereignissen, und Marionettenspieler erfreuten Junge und Alte mit ihren Vorführungen. Vor dem Neuhauser Tor fand ein Pferderennen statt. Der Sieger bekam ein kostbares englisches Scharlachtuch, der Verlierer wurde mit einer „Rennsau" getröstet, das war ein Schwein, dem man eine Glocke umhängte und das ein ganzes Jahr lang in der Stadt frei herumlaufen und sich sein Futter suchen durfte.

Hier am St.-Jakobs-Platz befindet sich das Stadtmuseum, in dem es auch für Kinder allerlei Interessantes zu sehen gibt. So zum Beispiel ein Puppentheater- und eine Musikinstrumentensammlung, alte Rüstungen und Waffen oder das Stadtmodell, das ein Schreiner aus Straubing angefertigt hat und an dem wir bis in Einzelheiten genau sehen können, wie München vor etwa 400 Jahren ausgesehen hat. Das große zum Museum gehörende Backsteingebäude war in alter Zeit das Stadt- und Zeughaus, mit Stallungen, Wagenschuppen und Speicherräumen. Auch wurde hier das städtische Kriegsmaterial aufbewahrt, mit dem Bürger, die kein Geld hatten, sich selbst zu bewaffnen, im Kriegsfall ausgestattet wurden.

Die südliche Platzfront wird durch die Kirche St. Jakob geschlossen, die dem Platz seinen Namen gab. Dahinter befindet sich das Angerkloster, das heute den Armen Schulschwestern (katholischer Frauenorden) gehört. Hier soll übrigens lange Zeit ein Poltergeist gehaust haben.

An der Eingangsfront des Stadtmuseums vorbei, durch die Nieserstraße (früher Hebammengäßchen) und das Rosental kommen wir rechts zum Viktualienmarkt (Viktualien = lateinisch Lebensmittel). Auf Grund einer „allerhöchsten Entschließung" König Max I. vom 2. Mai 1807 wurde der Markt vom Marienplatz zu seinem jetzigen Standort verlegt. Der Marienplatz war zu klein geworden. Der Viktualienmarkt ist heute einer der beliebtesten Einkaufsorte für Münchner und Gast-Münchner. Hier werden nicht nur Lebensmittel und Blumen verkauft, sondern man kann auch allerlei bayerische Spezialitäten essen und in dem kleinen Biergarten seine Maß Bier trinken und den Maibaum bewundern, der einer der schönsten in ganz München ist.

Der Brauch, einen Maibaum aufzustellen, stammt noch aus der vorchristlichen Zeit. Er war ein Ausdruck der Freude darüber, daß der harte Winter endlich vorbei war und der Frühling ins Land zog. Auch heute noch suchen sich die Burschen eines Ortes oder einer Gemeinde eine besonders gut gewachsene, hohe Fichte aus und schälen den Stamm bis zur Spitze. Nur ganz oben lassen sie ein paar Äste stehen, die dann wie ein kleiner Weihnachtsbaum aussehen. Dann helfen die Mädchen mit, den Baum mit Girlanden, bunten Bändern und Kränzen zu schmücken. Zu beiden Seiten des Baumes werden Holzbrettchen angebracht und an diesen befestigt man aus Holz geschnitzte oder gesägte Figuren, die Bilder aus dem täglichen Leben darstellen. Da sieht man den Bauern mit seinem Pflug oder Heuwagen, den Schreiner mit dem Hobel oder den Bäcker mit einer Brez'n. Auch wichtige Gebäude werden dargestellt, die Schule, die Kirche, ein Bauernhof, ein Gasthaus oder das Feuerwehrhaus. Der liebevoll geschmückte Baum wird dann am Morgen des 1. Mai unter großer Anteilnahme der Bevölkerung aufgestellt. Laute „Hau-ruck"-Rufe spornen die Burschen an. Steht der Baum endlich, gehen alle ins Wirtshaus und am Nachmittag beginnt dann der Maitanz. Schlecht ergeht es den Burschen, die ihren Maibaum vor

dem Aufstellen nicht wie eine Kostbarkeit hüten. Für sie wird der 1. Mai ein Tag der Schande, wenn die jungen Männer aus der Nachbargemeinde den Maibaum gestohlen haben. Denn nun müssen sie sich auf die Suche machen. Haben sie ihn gefunden, werden sie verspottet und ausgelacht und müssen den Baum mit einer von den Dieben geforderten Menge Bier auslösen. Man kann sich vorstellen, wie streng die Burschen ihren Maibaum vor dem Aufstellen bewachen!

Eine Sehenswürdigkeit sind auch die auf dem ganzen Markt verteilten sechs Brunnen, jeder mit der Figur eines bekannten Münchner Originals geschmückt. Da sehen wir den Karl Valentin, die Ida Schumacher, den Weiß Ferdl, den Roider Jakl, die Liesl Karlstadt und die Elise Aulinger. Wie beliebt diese sechs Münchner waren, kann man daran sehen, daß die Marktfrauen die Figuren stets mit einem Sträußchen Blumen schmücken.

An der Südwestecke des Marktes, wo heute der Valentinsbrunnen steht, befand sich einst die Roßschwemme, auch Bäckerschnelle genannt, und damit hat es folgende Bewandtnis:

Im Mittelalter hatte ein Bäcker, der schlechtes oder zu leichtes Brot verkaufte, wahrhaftig nichts zu lachen. Er wurde aus der Backstube geholt und von Trommlern, Schaulustigen und wütenden Kunden begleitet, zur Roßschwemme gebracht. Unter dem Gejohle und dem Hohngelächter aller Anwesenden wurde der betrügerische Bäk-

ker in einen eigens für diese Strafmaßnahme zwischen zwei Balken angebrachten Korb gesetzt und dreimal ausgiebig unters Wasser getaucht. Noch bis vor 170 Jahren hielt sich dieser ziemlich derbe, aber wirksame Brauch in München.

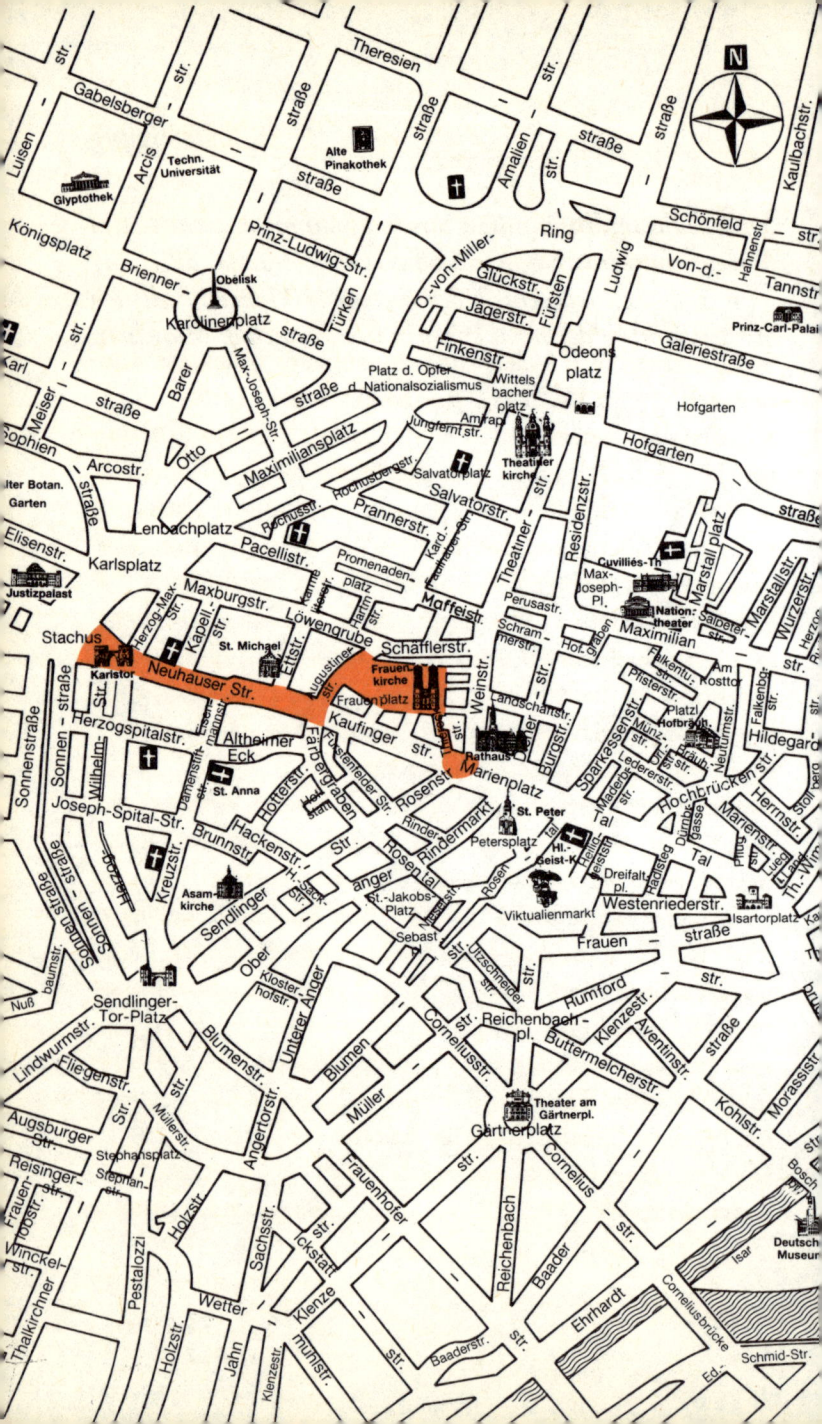

3. Spaziergang
Ausgangspunkt: Marienplatz

Diesen Platz kennen wir schon von unserem ersten Spaziergang. Wir halten uns darum hier nicht auf und wenden uns in Richtung Kaufingerstraße. Links, noch auf dem Marienplatz, steht der neuerrichtete Polizeikiosk, der durch einen von der Stadt ausgeschriebenen Wettbewerb den Namen „Schandi-Schachterl" bekommen hat. Den diensttuenden Polizisten können wir immer um Rat fragen, wenn wir ein Problem haben. Es könnte ja jedem von uns passieren, daß er nicht mehr weiß, mit welcher U- oder S-Bahn er weiterfahren muß, wir könnten unser Geld oder unsere Fahrkarte verloren haben oder sonst irgendwie in Not geraten. Hier bekommen wir ganz sicher Rat und Hilfe.

Machen wir unseren Spaziergang an einem Werktag, so sehen wir vor dem großen Kaufhaus an der Ecke Marienplatz/Kaufingerstraße ein „Krenweiberl" (Kren = Meerrettich) sitzen. Die Frauen kommen aus dem fränkischen Städtchen Heroldsbach und tragen die bunten Trachten ihrer Heimatstadt. Da es dort nur wenig und schlecht bezahlte Arbeit gibt, kommen sie zu uns und verkaufen aus ihrem Hucklkorb Meerrettich, Kümmel, Majoran, Tee und viele andere Kräuter, die sie meist im eigenen Garten geerntet haben.

Die Kaufingerstraße ist nach einer alten Münchner Patrizierfamilie (Kaufleute und Großgrundbesitzer), den Kaufingern benannt. Auch die Thiereckstraße (Passage), in die wir gleich rechts einbiegen, hat ihren Namen von einem reichen Münchner Bürger. Dem Hofkammerrat Thiereck gehörte vor etwa 170 Jahren das Eckgebäude an dieser Straße, und seine Witwe vermachte ihr beträchtliches Vermögen den Armen der Stadt. So kommen wir zur Frauenkirche, dem Wahrzeichen unserer Stadt. Vorbei an der „Zamperl-Trinkstelle" erreichen wir die Turmseite mit dem großen Eingangstor. An der modernen Brunnenanlage, aus der bronzene Pilze ragen, lassen wir uns nieder und bestaunen den gewaltigen Bau. Jörg Ganghofer hat ihn vor etwa 500 Jahren errichtet. Er verwendete dazu Ziegelsteine aus Berg am Laim, Sand und Kies aus Haidhausen und Holz aus dem Isarwinkel. Als die Türme so hoch angewachsen waren, daß die Spitzen aufgesetzt werden konnten, ging den Münchnern das Geld aus, obwohl die Handwerker, die an der Kirche gearbeitet hatten, nicht besonders viel verdienten. Ein Meister bekam etwa 26 Pfennige täglich, ein Geselle 24 und ein Hilfsarbeiter 9 Pfennige. Allerdings kostete damals ein Pfund Rindfleisch auch nur 2 und eine Maß Bier 1–2 Pfennige. Erst 36 Jahre später, der Baumeister Ganghofer war bereits gestorben, hatte man endlich das Geld für die Turmspitzen. Die Stadtväter hörten in dieser Zeit von einer neuen Bauweise, die aus Italien kam. Sie machten sich auf den Weg nach Augsburg, um die dortigen, in diesem italienischen Stil erbauten Turmhauben zu begutachten. Das Urteil war

einstimmig: Die Frauenkirche soll auch solche moderne welschen (fremden) Hauben bekommen. Gesagt, getan, es dauerte nicht mehr lange und die Frauenkirche war vollendet.

Nun, da die Türme fertig waren, brauchte man natürlich noch eine Glocke, denn in damaliger Zeit hatten die Glocken eine wichtige Aufgabe. Sie riefen nicht nur zum Gottesdienst, zum Trauern und zum Feiern, sondern auch zum Feuerlöschen und zur Verteidigung. Da erinnerte sich Herzog Albrecht an die besonders schöne und große Salve-Glocke, die er bei einem Besuch in Regensburg gehört hatte. Und weil sich die Regensburger freiwillig unter die Herrschaft des bayerischen Herzogs begeben hatten, befahl dieser einfach, die Glocke vom Regensburger Dom nach München zu holen. Die Bürger von Regensburg waren darüber sehr erbost, denn sie wollten ihre Glocke behalten. Lange fand sich niemand, der den Befehl ausführte, weder Münchner noch Regensburger. Und so mußte der Herzog erst fremde Arbeiter anstellen, um den Auftrag ausführen zu lassen. Aber schon auf dem Transport passierten allerlei unheimliche Dinge. Der Schiffer, der die Glocke auf seinem Boot gefahren hatte, verunglückte tödlich. Die Pferde, die Glocke das letzte Stück auf einem Wagen zogen, stürzten vor dem Wagen zusammen. Endlich war die Glocke doch an der Kirche angekommen. Da passierte wieder etwas Seltsames. Obwohl die Glocke streng bewacht wurde, rückte sie jede Nacht ein paar Zentimeter in Richtung Regensburg. Der Herzog jedoch ließ sich von all diesen unheimlichen Vorfällen nicht beeindrucken. Die Glocke wurde auf den südlichen Turm gezogen. Doch von diesem Augenblick an war es auf dem Turm nicht mehr geheuer. Von der Glocke erklangen oft seltsame, wehmütige Töne, und am Weihnachtsabend des gleichen Jahres soll sie beim Läuten von oben bis unten zersprungen sein.

Im Jahre 1785 stürzte sich die noch nicht siebzehnjährige Fanny von Ickstatt aus Liebeskummer vom Turm in die Tiefe. Dieses Unglück erregte viel Aufsehen und war wochenlang das Münchner Stadtgespräch.

Durch das Hauptportal betreten wir nun den Dom. Unter der Orgel sehen wir in einem Stein einen Fußabdruck. Dieser soll, so berichtet eine Sage, vom Teufel stammen.

Der Baumeister Ganghofer hatte, bevor er sein schwieriges Werk begann, mit dem Höllenfürsten einen Pakt geschlossen, damit dieser ihm beim Bau behilflich sei. Ganghofer mußte dafür versprechen, das Gotteshaus ohne Fenster zu errichten. Der schlaue Teufel glaubte nämlich, daß kein Mensch in ein Gotteshaus ohne Fenster zum Beten gehen würde. Fleißig unterstützte er den Bau, schuftete und plagte sich nach Kräften. Seinen Freund, den Wind, holte er auch noch zur Hilfe. Als der Bau fertig war, beobachtete der Höllenfürst erstaunt und verärgert, daß viele Menschen zum Beten in die Kirche strömten. Wütend rannte er zum

43

Baumeister Ganghofer und forderte dessen Seele. Der aber entgegnete ihm pfiffig: „Komm mit und überzeuge dich selbst: die Kirche hat kein Fenster." Er führte den Teufel zu einer Stelle unter der Orgel, weiter durfte der Höllenfürst nicht, da die Kirche schon geweiht war, und fragte scheinheilig: „Nun schau, ob du irgendein Fenster siehst." Der Teufel reckte seinen dünnen Hals so weit er konnte, aber kein Fenster war zu entdecken, denn auch dasjenige, das wir von dieser Stelle aus sehen können, war von den Aufbauten des Hochaltars völlig verdeckt. Da stampfte der Teufel vor Wut so fest auf den Boden, daß sich der Tritt in den Stein eindrückte und fuhr zur Hölle zurück. Vor lauter Aufregung vergaß er, seinem Freund, dem Wind, Bescheid zu sagen, und so saust dieser bis heute noch um die Kirche herum.

An der rechten Wand der Eingangshalle sehen wir den heiligen Christophorus mit einem Kind auf der Schulter und einem Stab in der Hand.

Der Sage nach hatte Christophorus die Aufgabe übernommen, Menschen auf dem Rücken über einen gefährlichen Fluß zu tragen, denn er war riesengroß und sehr stark. Um sich im reißenden Wasser halten zu können, nahm er einen langen Stock zu Hilfe. Unermüdlich schleppte er Leute hinüber und herüber. Eines Nachts hörte er eine Kinderstimme rufen, konnte aber in der Dunkelheit nichts erkennen. Nach dem dritten Ruf ging er nochmals hinaus und sah ein Kind, das über den Fluß gebracht werden

wollte. Wie er nun mit ihm ins Wasser stieg, wurde die Last immer schwerer und schwerer, das Wasser schwoll an und er glaubte, die ganze Welt läge auf seinen Schultern. „Mehr als die Welt hast du getragen, der Herr, der die Welt erschaffen hat, war deine Bürde!", sprach da das Kind, drückte ihn unter das Wasser und taufte ihn. Da erkannte er, daß das Kind Christus war.

In der Kirche halten wir uns rechts und kommen zum prächtigen Grabmonument Kaiser Ludwig des Bayern. Wir gehen um das Grab herum und betrachten die überlebensgroßen Bronzeritter, die das Grabmal bewachen. Von allen Seiten können wir auf die rote Marmorplatte blicken, die das würdevolle Antlitz des Kaisers zeigt. Auf der rechten Seite gehen wir in Richtung Altar. In der vorletzten Seitenkapelle steht die Silberbüste des heiligen Benno, Schutzpatron der Münchner und Bayern, mit Stab und Buch, auf dem ein Fisch und ein Schlüssel liegen. In dem Schränkchen unter der Büste befindet sich in perlenbestickter Seidenumhüllung der Schädel des heiligen Benno.

Benno lebte vor etwa 950 Jahren als Bischof in Meißen. Als er vom Kaiser abgesetzt wurde, verließ er die Stadt. Doch zuvor verschloß er die Kirche und warf die Schlüssel in die Elbe, damit der Kaiser nicht in die Kirche konnte. Als er nach Meißen zurückkehrte, brachte ihm ein Fischer einen Fisch, den er aus der Elbe gezogen hatte und an dessen Flossen die Kirchenschlüssel hingen.

Die Frauenkirche ist eine der größten Hallenkirchen Süddeutschlands. Jeder Turm ist 99 m hoch.

Für den Dachstuhl wurden 2100 Baumstämme benötigt. Heinrich von Straubing war der Zimmermann und hat mit dem Dachstuhl sein Meisterwerk vollbracht. Als es vollendet war, zog er einen Balken heraus und sprach: „Nun soll mir einer kommen und sagen, wo ein Balken im Gerüst fehlt." Bis zum heutigen Tag hat noch niemand die Stelle finden können.

Die geschwungene Augustinerstraße, die uns noch den Verlauf des ersten Mauerrings, der die Stadt umschloß, zeigt, mündet wieder in die Kaufingerstraße, die von hier ab Neuhauser Straße heißt. Ein Stückchen links in Richtung Marienplatz stand einst der „Schöne Turm", dessen Umrisse noch heute auf dem Pflaster zu erkennen sind. Auf einem Pfeiler des Hauses, das linker Hand steht, ist der Schöne Turm auf einer Tafel abgebildet. Hier können wir sehen, daß er zu Recht der „Schöne Turm" hieß, denn er war von oben bis unten reich verziert. Schauen wir auf die Ecke dieses Hauses, so erblicken wir, in Stein gehauen, einen Mann, der einen Turm auf dem Rücken trägt. Es ist der Goldschmied mit dem „Schönen Turm".

Nicht lange nachdem Kaiser Ludwig der Bayer gestorben war, lebte in München ein Goldschmied, der neben dem Schönen Turm seine Werkstatt hatte. Eines Tages kam ein fremder, vornehmer Herr zu ihm und brachte ein kostbares

Geschmeide mit. Er bat den Goldschmied, ihm ein gleiches zu fertigen. Dieser sagte mit Freuden zu und ging gleich ans Werk. Wie andere Leute auch, öffnete er tagsüber das obere Fenster seiner Werkstatt, hatte das Geschmeide vor sich liegen und schaffte fleißig. Als er eines Tages vom Mittagsmahl zurückkam, sah er mit Entsetzen, daß das fremde, kostbare, ihm anvertraute Geschmeide verschwunden war. Da half kein Fragen und kein Suchen, es war und blieb weg. Augenblicklich rannte er zu dem fremden Herrn und berichtete von seinem Unglück. Dem kam die Sache sehr sonderbar vor, und er verklagte den armen Goldschmied wegen Diebstahls. Dieser wurde verhaftet und vors Gericht geschleppt. Obwohl er seine Unschuld beteuerte, glaubte ihm niemand. Er wurde schuldig gesprochen und hingerichtet. Einige Wochen danach mußte am Schönen Turm das eine oder andere repariert werden. Die Handwerker kamen und legten Hand an. Kaum hatten sie am Erkerfensterlein ein paar Würfe mit der Kelle getan, flog eine Dohle (taubengroßer Rabenvogel) aus dem Dacherker. Ein Handwerker schaute hinein, sah das Nest der Dohle und glaubte, darin etwas schimmern zu sehen. Als er genauer hinsah, lag darin ein herrliches Geschmeide. Sofort dachte er an den armen Goldschmied und bekam einen solchen Schrecken, daß er beinahe vom Gerüst gestürzt wäre. Auf schnellstem Wege brachte er das Geschmeide zum Gericht, und in der ganzen Stadt verbreitete sich die traurige Nachricht, daß der arme Goldschmied unschuldig sein Leben lassen mußte.

Die Neuhauser Straße war früher die Ausfahrtstraße zum Dorf Neuhausen, das heute ein Stadtteil von München ist. Auf der rechten Seite verteilen sich mehrere Kirchenbauten, die in ganz Europa berühmt sind. Die Brauereigasthöfe, die wir auf der linken Seite sehen, sind weit bekannt. Wir bleiben auf der rechten Seite und kommen zur ehemaligen Augustinerkirche, die jetzt zum Deutschen Jagdmuseum umgebaut ist. Dieses umfassendste Museum zur Geschichte der Jagd ist sehenswert. Es enthält eine weltberühmte Geweihsammlung, Hieb, Stich- und Feuerwaffen und Jagdgeräte.

Gleich nebenan steht die Michaelskirche. Die größte Renaissancekirche nördlich der Alpen wurde vor 400 Jahren gebaut. Sie hat das zweitgrößte Tonnengewölbe der Welt. Es ist 20 m breit und 28 m hoch. Als dieses kühne Bauwerk fertiggestellt war, hatten die Münchner Zweifel wegen seiner Haltbarkeit und trugen ihre Bedenken dem Herzog vor. Da befahl dieser, eine Kanone in die Kirche zu schaffen und einen Schuß abzufeuern. So geschah es, und zur größten Verwunderung aller hielt das Gewölbe stand. Die Figuren an der Fassade stellen bayerische Herzöge und deutsche Kaiser dar. Die bedeutendste und kostbarste Figur ist der bronzene Erzengel Michael. Der Engel tötet einen Drachen, der den Teufel oder das Böse symbolisiert. In dieser Kirche ist, neben anderen Wittelsbachern, auch der bayerische Märchenkönig Ludwig II. begraben. Den Zweiten Weltkrieg hätte diese wunderschöne Kirche beinahe nicht überlebt. In den Mittagsstunden des 22.

November 1944 wurde der Dachstuhl von 5 Sprengbomben getroffen und 30 m hoch in die Luft gewirbelt. Beim Herabstürzen durchschlugen die Trümmer das Tonnengewölbe des Kirchenschiffes. Die Orgelempore mit der Orgel stürzte ein. Die Zerstörung war vollkommen. Der Wiederaufbau hat 9,2 Millionen Mark gekostet.

An die Michaelskirche schließt die „Alte Akademie" an. Vor ihr steht der „Salome-Brunnen". Die 6 m hohe Bronzesäule ist mit Szenen und Texten aus der Oper „Salome" geschmückt und trägt die Inschrift: „Richard Strauß zu Ehren".

Bevor wir nun das Karlstor erreichen, stoßen wir rechts auf das „Brunnenbuberl". Diese liebenswerte Brunnengruppe stand früher auf dem Karlsplatz. Als dieser umgebaut wurde, mußte das Brunnenbuberl weichen und fand hier in der Fußgängerzone einen besonders hübschen Platz. Auf der Weltausstellung 1893 in Paris hat sein Erschaffer Mathias Gasteiger für dieses Kunstwerk eine Goldmedaille erhalten. Die Münchner teilten diese Begeisterung allerdings zunächst nicht. Bei vielen Leuten erregte das Buberl wegen seiner Nacktheit Anstoß. Um die erhitzten Gemüter zu beruhigen, schlug Prinzregent Luitpold vor, die Figur mit einem Feigenblatt zu versehen, oder sie gar in ein Mädchen umzuwandeln. Der Künstler ließ sich jedoch zu keiner Veränderung überreden.

Wenden wir unseren Blick noch einmal nach oben: Auf den Giebeln des großen Kaufhauses stehen zwei große Koggen (Handelsschiffe). Sie sind ein altes Handelssymbol.

Am Karlstor endet die 1971 geschaffene Fußgängerzone. Dieses Tor wurde vor 700 Jahren erbaut, mehrmals zerstört und umgebaut. Noch vor 280 Jahren mußte ein Reisender, der hier die Stadtwache passieren wollte, erst auf einer schmalen Brücke den Stadtgraben überqueren. Unter dem mittleren der drei Torbögen sehen wir vier Köpfe (Kragsteine), die aus der Decke ragen. Einer stellt den Liebesbriefträger „Finessensepperl" dar, der durch seinen ständigen Spruch: „Nix g'wiß woas ma net" berühmt wurde. Ein anderer Kopf zeigt den „Baron" Sulzbeck, der im Hofbräuhaus die Baßgeige spielte. Der dritte ist der Lohnkutscher Krenkl, ein bekanntes Münchner Original, der auf einer Spazierfahrt durch den Englischen Garten mit seinem Gespann die Kutsche des Königs überholte, obwohl dies strengstens verboten war. Dabei rief er dem empörten König auch noch zu: „Wer ko, der ko!" Dieser Ausspruch ist bis heute eine beliebte Redewendung in München. Der vierte Kopf gehört dem Hofnarren Prangerl. Die drei musizierenden Kinderfiguren an der rechten Torwand standen früher am Fischbrunnen. Nach der Zerstörung und Neugestaltung des Brunnens wurden sie hier angebracht.

Hinter dem Tor liegt der Karlsplatz. Für die Münchner war er immer nur der Stachus, so genannt nach dem Gastwirt Eustachius Föderl, der vor 250 Jahren auf diesem Platz eine Gastwirtschaft hatte. Der große runde Springbrunnen grenzt die Fußgängerzone vom Stachusverkehr ab.

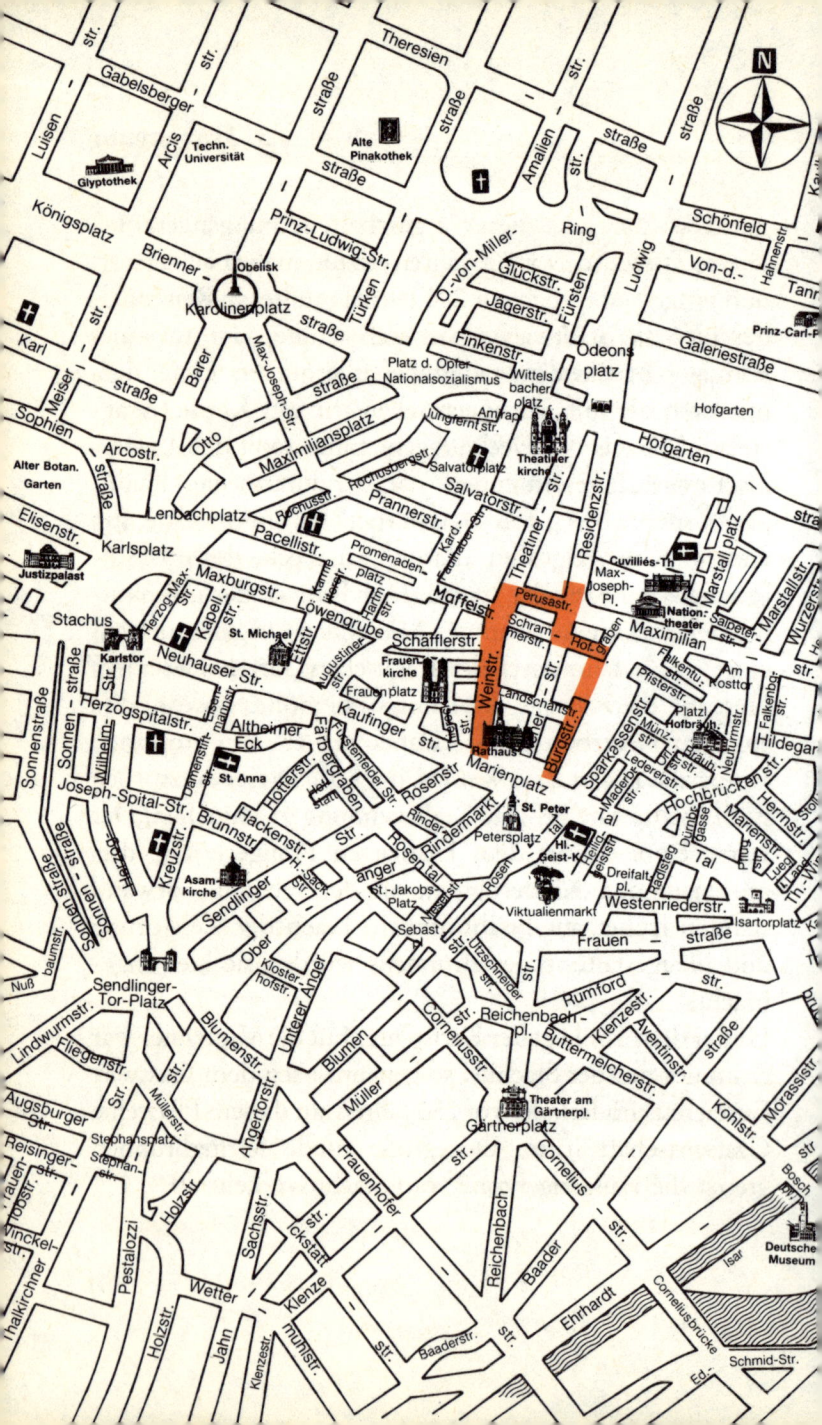

4. Spaziergang
Ausgangspunkt: Marienplatz – Fischbrunnen

Nachdem wir uns am Marienplatz auf unserem ersten Rundgang schon genau umgesehen haben, gehen wir heute gleich in die Burgstraße. Sie ist die Verbindungsstraße zwischen Altem Rathaus und Altem Hof. Auf der linken Seite kommen wir am Weinstadl vorbei. Dies ist das älteste noch erhaltene Bürgerhaus Münchens. Es wurde vor etwa 430 Jahren erbaut und diente viele Jahre lang als Stadtschreiberei. Hier saß der Stadtschreiber in seiner niedrigen Stube und trug mit einem Gänsekiel alle Geschehnisse in ein dickes Buch ein. Die Fassade des Hauses ist mit Lüftlmalerei verziert. Der Name „Lüftlmalerei" kommt wahrscheinlich daher, weil der Künstler sein Werk in luftiger Höhe ausführen mußte. Die Bilder sind in Fresco(=frisch)-Manier gemalt, das ist eine ganz besondere Art des Malens. Auf den frischen, noch nassen Putz werden die Farben aufgetragen, die sich dann unlösbar mit dem Putz verbinden. Weil der Putz aber so schnell trocknet, kann immer nur ein kleines Stück Malerei in Angriff genommen werden. Der Maler muß also morgens schon entscheiden, wieviel er an einem Tag schaffen kann. Auch muß er viel Erfahrung in dieser Malart haben, denn die Farben verändern sich, sobald der Putz trocken wird.
Wo die Altenhofstraße auf die Burgstraße (Haus Nr. 12) stößt, befand sich einst der berühmte Löwenzwinger der

Bayerischen Herzöge. Herzog Albrecht, der vor etwa 400 Jahren lebte, spazierte sogar mit einem zahmen Löwen durch Münchens Gassen. Den Bürgern war dies nicht geheuer, und wer den beiden begegnete, wich respektvoll zur Seite.

Durch den südlichen Torturm betreten wir nun den Alten Hof. Ludwig der Strenge ließ ihn als seine „Ludwigsburg" vor über 700 Jahren erbauen. Damals war hier die Stadtgrenze, und weil die Herzöge mit ihren Bürgern nicht immer in Frieden lebten und Aufstände befürchteten, ließen sie unter der Burg Fluchtgänge anlegen, durch die sie notfalls ungesehen die Stadt verlassen konnten. In der Alten Burg ist Kaiser Ludwig der Bayer vor 600 Jahren auf die Welt gekommen. Er war es, der den Münchnern erlaubte, die kaiserlichen Farben Schwarz/Gold in ihr Stadtwappen (Münchner Kindl) aufzunehmen.

Der Vater von Ludwig besaß ein kleines, zahmes Äffchen, das in der ganzen Burg frei herumlaufen durfte. Es war bei den Bewohnern der Burg sehr beliebt, denn es erfreute alle mit seinen komischen Späßen. So hatte das Äffchen auch oft zugesehen, wie die Amme den kleinen Ludwig auf dem Arm hielt und hin und her schaukelte. Als die Amme einmal für kurze Zeit das Zimmer verließ, hob der Affe das Baby aus seinem Bettchen, warf es ein wenig in die Luft und fing es wieder auf. Als die Amme ins Zimmer zurückkkam uns sah, was das Äffchen mit dem

Baby anstellte, schrie sie vor Entsetzen. Darüber erschrak nun wieder der Affe so sehr, daß er das Kind ganz fest an sich drückte und davonraste, die Amme und andere Bedienstete hinterher. Die Jagd ging durch die ganze Burg bis hinauf auf den Dachboden. Dort war unglücklicherweise eine Dachluke offen. Durch diese schlüpfte das Äffchen mit dem Kind hindurch und kletterte auf die Turmspitze. Jetzt liefen alle in den Hof, holten Decken und Kissen und breiteten sie auf dem Boden unter dem Turm aus. Auch der Herzog und die Herzogin standen schreckensbleich dabei. Weil nun alle vor lauter Angst ganz still geworden waren, beruhigte sich das Äffchen wieder, schlüpfte durch die Dachluke zurück ins Haus und legte den kleinen Prinzen wieder in sein Bettchen. Da lachten und weinten alle vor Freude.

Das oben und unten spitze Türmchen, auf das sich der Affe geflüchtet hatte und das wie ein Schwalbennest an der südlichen Mauer hängt, heißt bis heute das „Affentürmchen".

Durch das nördliche Tor verlassen wir die Burganlage. Das Reiterstandbild, an dem wir vorbeikommen, zeigt Kaiser Ludwig den Bayern hoch zu Roß. Nach links führt der Hofgraben zur Schrammerstraße. Um uns anzuhören, was es über diesen Ort und den anschließenden Platz, wo die Schrammerstraße in die Dienerstraße mündet, zu erzählen gibt, gehen wir links über den Parkplatz auf die große Grünfläche, den sogenannten

Marienhof und machen es uns auf der Wiese bequem. Also, in der Schrammerstraße befand sich in alter Zeit ein Bad, das einem Bürger namens Schrammer gehörte. Damals gingen die Bürger mit ihren Familien und den Dienstboten regelmäßig in ein öffentliches Bad. Dort saßen dann Männer und Frauen bunt gemischt in großen Holzwannen beisammen und ließen sich einseifen und abschrubben. Ein Stückchen weiter stand früher das Vordere Schwabinger Tor mit dem Krümbleinsturm. Es gehörte zum ersten Mauerring Münchens, der durch den Gründer der Stadt, Heinrich den Löwen, angelegt wurde.

Damals und auch noch viele Jahre später wurden abends nach Einbruch der Dunkelheit alle Stadttore zugesperrt und zusätzlich mit dicken Balken gesichert. Die Wachen besetzten die Türme und beobachteten genau, ob sich außerhalb der Stadtmauer nichts Verdächtiges tat. So konnten die Bürger ruhig schlafen. In Kriegszeiten blieben die Tore sicherheitshalber auch tagsüber verschlossen. Aber auch sonst, wenn alles friedlich war, durfte ein Fremder nicht so ohne weiteres in die Stadt. Zunächst mußte er sein Reisebüchlein vorzeigen. Darin stand sein Name, sein Geburtsort und der Zweck seiner Reise. So mancher Spitzbube wurde bei dieser Kontrolle geschnappt und landete nicht im Wirtshaus oder auf dem Marktplatz, sondern im dunklen Turmverließ.

Der Marienhof war einst das Judenviertel. Vor 800 Jahren stand hier eine Synagoge (jüdisches Gotteshaus). Man muß wissen, daß die Juden damals eine bevorzugte Stellung einnahmen. Christen durften aus Glaubensgründen kein Geld gegen Zinsen verleihen, also blieben die Kreditgeschäfte den Juden vorbehalten. Sie durften von den Bürgern 43⅓ Prozent und von Fremden sogar 65 Prozent Zins fordern. Da nun viele Bürger bei den Juden Schulden hatten, läßt sich leicht denken, daß gerade diese daran interessiert waren, die Juden zu vernichten, um ihre Schulden für immer los zu sein. Obwohl die Juden zunächst die Gunst und den Schutz der Herzöge genossen, kam es doch schon sehr früh zur ersten Judenverfolgung.

Der Sage nach soll damals eine alte Jüdin zwei Münchner Bürgerkinder gekauft und eines davon – einen Jungen – bei einem grausamen Ritualmord (religiöser Opfermord) ums Leben gebracht haben. Zufällig soll der Vater der Kinder von dem schrecklichen Verbrechen gehört haben. So konnte er wenigstens das andere Kind noch retten. Obwohl die Tat in keiner Weise bewiesen war, brach ein Sturm der Entrüstung los. Ohne Beweise wurde die alte Frau hingerichtet. Dann begann eine grausame Jagd auf alle Juden. Viele flüchteten sich aus Angst in die Synagoge. Die aufgehetzten Leute verrammelten alle Türen und zündeten die Synagoge an. 180 Juden verbrannten grausam in den Flammen.

Durch die Residenzstraße gehen wir weiter zum Max-Joseph-Platz. Das Eckhaus auf der rechten Seite ist heute die Hauptpost. Von hier ging 1849 die erste bayerische Briefmarke, der sogenannte „Schwarze Einser" in die Welt hinaus. Auf den Stufen des Max-Joseph-Denkmals, das mitten auf dem Platz steht, lassen wir uns nieder und blicken zurück auf das flache Haus, in dem sich das Franziskaner Poststüberl befindet. Einst war hier die Franziskanerbäckerei.

Vor langer Zeit wohnte hier eine sehr vornehme Familie. Es war der fürstliche Hofrat mit seiner Frau und seiner Tochter. Als Magd hatten sie die Tochter des Gärtners eingestellt. Das Mädchen war fleißig, klug und freundlich und wurde, obwohl es von niedrigem Stand war, schon bald die beste Freundin der Tochter des Hofrats. Alle im Haus waren glücklich und zufrieden, bis sich eines Tages etwas Seltsames ereignete: Die Frau des Hofrats vermißte eine kostbare Kette. Man durchsuchte das ganze Haus, sah in alle Schubladen und Schränke, aber die Kette blieb verschwunden. Einige Zeit später passierte das gleiche noch einmal, nur daß es sich diesmal um einen Ohrring handelte. Wieder wurde alles abgesucht, aber das Schmuckstück blieb unauffindbar. Obwohl der Hofrat und seine Frau die Gärtnerstochter sehr lieb hatten, regte sich in ihnen der heimliche Verdacht, daß nur sie den Schmuck gestohlen haben könne. Um ganz sicher zu sein, wollten sie das Mädchen auf die Probe stellen. Sie legten einen Ring ins offene Fenster und verließen das Zimmer. Als die Frau Hofrat nach einiger Zeit zurückkam, war der Ring verschwunden. Nun war es für alle klar, daß die Gärtnerstochter der Dieb war, denn außer ihr hatte niemand das Zimmer betreten. Das Mädchen beteuerte verzweifelt seine Unschuld, aber niemand glaubte ihm. Es wurde vors Gericht geschleppt und auf die Folter gespannt. Man quälte es so lange, bis es alles zugab. Daraufhin wurde es verurteilt und hingerichtet. Einige Zeit nachdem dies geschehen war, mußte ein Maurer das Dach des Hauses ausbessern. Da entdeckte er ein Dohlennest, in dem mehrere glitzernde Schmuckstücke lagen. Der Maurer nahm sie heraus und lief damit zum Hofrat. Der mußte zu seinem Entsetzen feststellen, daß es der gestohlene Schmuck seiner Frau war. „Oh, mein Gott", rief er aus, „das arme Mädchen ist unschuldig gestorben, ein diebischer Vogel hat den Schmuck gestohlen!" Aber nun war es zu spät, und niemand konnte das arme Mädchen wieder lebendig machen.

Der große, beinahe quadratische Platz, auf dem wir uns befinden, ist mit Flußkieseln gepflastert, man nennt es „Eierpflaster". Betrachten wir uns das Denkmal, zu dessen Füßen wir sitzen, ein bißchen genauer: Es stellt Maximilian I. Joseph dar, der 1806 zum ersten König Bayerns ernannt wurde. Er ließ kurz nach Regierungsantritt das Franziskanerkloster abreißen, das bis dahin hier stand, um den Platz anzulegen. Auch plante er selbst die Anfertigung seines Denkmals. Endgültig ausgeführt und aufgestellt wurde es aber erst durch seinen Sohn König Ludwig I. Unter dem Platz befindet sich heute eine zweistöckige Tiefgarage, in der ca. 450 Autos Platz haben. Bei ihrem Bau stieß man auf mehrere Gräber, die aus der Zeit stammten, als hier noch das Kloster stand. Auf der Ostseite sehen wir das Nationaltheater. Sein Erbauer ist Maximilian I. Joseph. Dieser Theaterbau hat 1900 Zuschauerplätze und zählt zu den berühmtesten und größten europäischen Bühnen. Auch heute noch kommen Besucher aus aller Welt, um sich Opern- oder Ballettaufführungen anzusehen. An der Nordseite des Platzes steht der Königsbau der Residenz. In ihm befindet sich unter anderem die Schatzkammer. Machen wir einen kleinen Rundgang durch dieses einmalige Museum und lassen uns verzaubern von den unschätzbaren Kostbarkeiten aus Gold, Perlen und Edelsteinen.

Vom Max-Joseph-Platz gehen wir in die Perusastraße, die in die Theatinerstraße mündet. Bis vor 200 Jahren hieß sie „Hintere Schwabingergasse". Hier, in nächster Nachbarschaft zur Residenz, wohnten die vornehmen Adelsfamilien, reiche Bürger und berühmte Künstler. Nun halten wir uns links in Richtung Marienplatz. An der Maffeistraße vorbei, die ihren Namen von dem Münchner Bürger Maffei hat, der vor 150 Jahren die erste Maschinen- und Lokomotivfabrik gründete, kommen wir wieder zum Marienhof. Dort ändert die Theati-

nerstraße ihren Namen in Weinstraße. In alter Zeit stand an dieser Stelle das „Hintere Schwabinger Tor" mit dem Schäffelturm, das ebenfalls zum ersten Münchner Mauerring gehörte. Von einem Ziehbrunnen, der in der Weingasse am Schrammereck vor langer langer Zeit stand, erzählt uns der Stadtschreiber folgende Geschichte:

Tief unten im Brunnen lebte ein furchterregender Drache. Wer hinabblickte, wurde auf der Stelle durch den Blick des Untiers getötet. Die Menschen hatten große Angst und machten einen weiten Bogen um den todbringenden Brunnen, bis eines Tages ein schlauer Bürger eine gute Idee hatte. Er ließ einen großen Spiegel herbeibringen und über den Brunnenrand legen. Als nun der Drache nach oben schaute, brachte ihm sein eigenes Spiegelbild den Tod. Seit der Zeit hieß der Brunnen „Spiegelbrunnen"!

Gehen wir weiter bis zum Marienplatz. Wo die Weinstraße einmündet, wurden früher an Markttagen die Fässer der Weinhändler gelagert. Das Rathauseck auf der linken Seite trug im Volksmund lange den Namen „Wurmeck", denn . . .

Es war einmal ein Ungeheuer, das war so schrecklich und furchterregend, wie es noch niemand gesehen hatte. Es sah aus wie ein riesiger Lindwurm mit hundertmal vergrößerten Fledermausflügeln. Das Ungeheuer flog über die ganze Stadt, senkte sich bis tief über die Dächer hernieder und blies seinen todbringenden Atem in alle Gassen und Häuser. Da begann in München ein großes Sterben, das vor keiner Tür haltmachte und Arme und Reiche, Junge und Alte dahinraffte. Langsam aber sicher wurde es immer stiller und trauriger in der Stadt. Eines Tages ließ sich das Ungeheuer auf dem Schrannenplatz nieder. Da faßten sich ein paar mutige Männer ein Herz und mit einem einzigen, gut gezielten Kanonenschuß brachten sie das Ungeheuer zur Strecke. Nun war die Stadt gerettet.

Zur Erinnerung an dieses furchtbare Ereignis sehen wir am Rathauseck einen großen Lindwurm aus Stein, der an der Mauer hochzuklettern scheint.

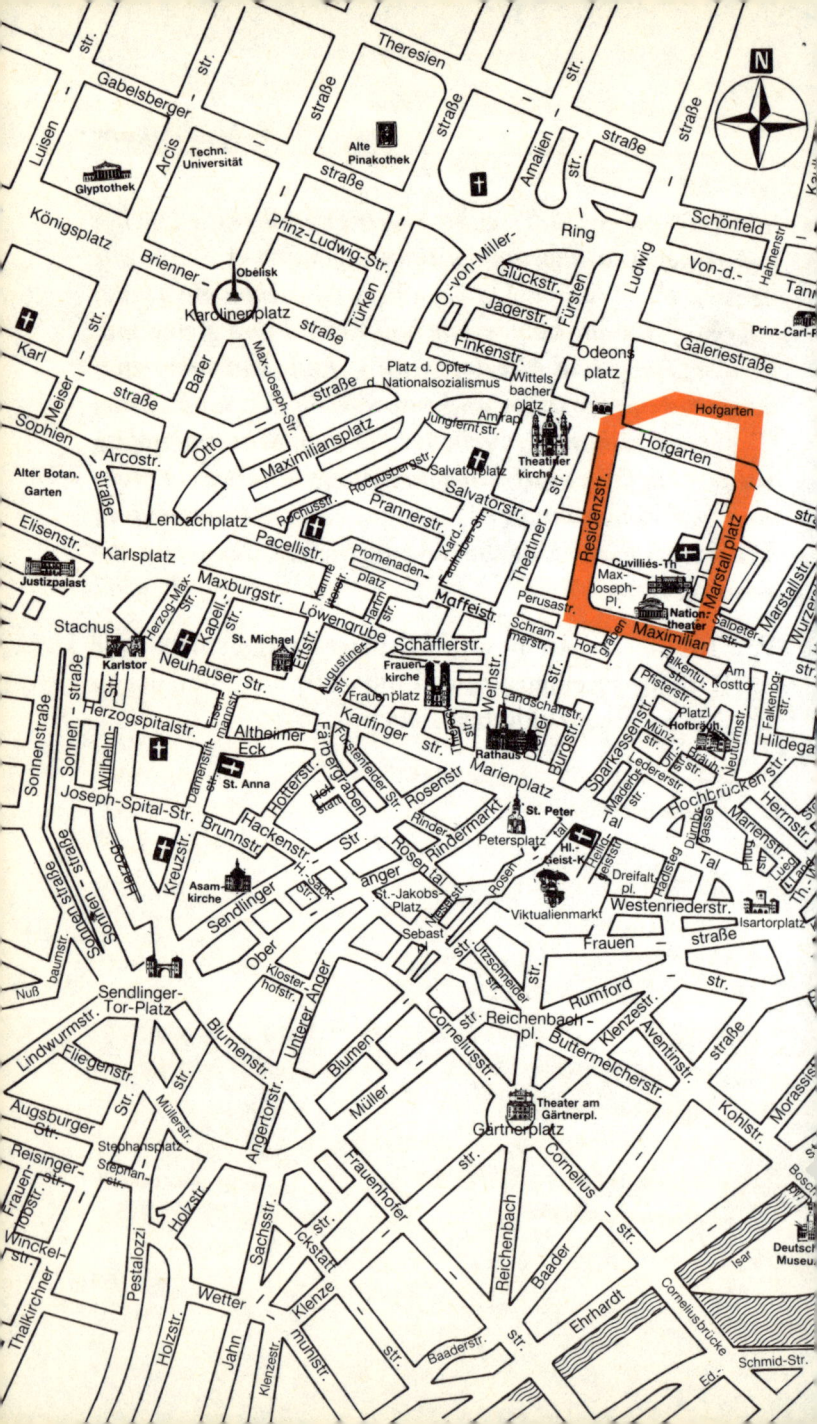

5. Spaziergang
Ausgangspunkt: Max-Joseph-Platz

Diesen Platz kennen wir schon von unserem letzten Spaziergang. Wir wenden uns zum Königsbau und gehen durch die Residenzstraße an der Residenz entlang bis zum ersten großen Marmorportal. Durch die rechte Seitentür betreten wir den Kapellenhof. Wir durchqueren ihn und kommen zur nächsten Durchfahrt, wo wir einen Blick durch die rechte Gittertür auf die von oben bis unten mit Muscheln geschmückte Bogenhalle des Grottenhofes werfen können. Der nächste Hof, den wir erreichen, ist der zauberhafte achteckige Brunnenhof, in dessen Mitte der Wittelsbacher Brunnen steht. Auf seinem Rand lagern die gewaltigen Flußgötter der vier größten bayerischen Flüsse, Donau, Lech, Isar und Inn. Die vier stehenden Götterfiguren dazwischen symbolisieren die Elemente Erde, Feuer, Wasser und Luft. Auf dem hohen Sockel in der Brunnenmitte steht in voller Rüstung Herzog Otto von Wittelsbach, der erste bayerische Herzog aus dem Wittelsbacher Geschlecht. Die Gebäude, die den Hof umschließen, sind mit Scheinarchitektur bemalt, das heißt, es erscheint uns nur so, als ob die Wände durch Säulen- und Fenstervorbauten geschmückt seien. Durch ein Tor, das auch zum Theater führt, kommen wir in den Apothekenhof. Wahrscheinlich hat sich in einem der angrenzenden Gebäude einmal die Hofapotheke befunden. Wenn wir auf den rechten

Teil des großen Hofes blicken, sehen wir im Pflaster die Umrisse der ehemaligen Neuveste abgebildet. Sie war das erste Gebäude, das auf dem Platz der heutigen Residenz entstanden ist. Irgendwann wurde es abgerissen. Die Residenz war viele hundert Jahre lang der Sitz der bayerischen Herrscher. Fast jeder Herzog, Fürst oder König, der hier wohnte und regierte, ließ nach seinem Geschmack und nach seinen Bedürfnissen entweder einen Gebäudeteil abreißen oder umbauen oder etwas Neues dazubauen. So wurde im Laufe der Zeit aus der einfachen Neuveste ein königliches Schloß von gewaltigen Ausmaßen. Es hat unzählige Zimmer und Gänge, mehrere Säle und Hallen, 6 Innenhöfe, eine Kapelle und ein Theater (Cuvilliés-Theater), das als das schönste Rokokotheater der Welt gilt. Einst galt die Residenz als 8. Weltwunder. Als König Gustav Adolf von Schweden im Dreißigjährigen Krieg München besetzt hatte, gefiel ihm der prächtige Fürstensitz so gut, daß er ihn auf Rollen nach Schweden transportieren lassen wollte. Gott sei Dank hat er diesen Plan nicht wahr gemacht. Der Gebäudeteil, der an die Residenzstraße grenzt, wurde von Kurfürst Maximilian vor über 350 Jahren erbaut. Maximilian war einer der bedeutendsten Herrscher Bayerns. 24jährig übernahm er von seinem Vater nicht nur die Regierungsgeschäfte, sondern auch 1,6 Millionen Gulden Schulden. Das war in damaliger Zeit eine ungeheure Summe. Maximilian war ein Mann von ausgeprägtem Pflichtbewußtsein und größter Sparsamkeit und es dauerte nur 15 Jahre, bis er alle Schulden seines Vaters bezahlt hatte. Kindheit und Jugend von Maximilian waren hart und streng. Damit wir uns besser vorstellen können, wie es dem kleinen Prinzen ergangen ist, lassen wir uns erzählen, wie so ein ganz normaler Tag bei ihm verlaufen ist:

Er begann kurz nach 6 Uhr morgens mit einem kniend verrichteten Gebet. Um 8 Uhr folgte das „Morgensüppel" und daran anschließend ein Besuch in der Kirche. Der Unterricht endete erst eine halbe Stunde vor dem Mittagessen. In der Pause, die bis 14 Uhr dauerte, durfte der kleine Maximilian einige Stunden spielen – „mäßiges Umlaufen" war erlaubt – außerdem gab es ritterliche Übungen, Reiten, Ball-, Kugel- und Schachspiel, Rohrschießen und Fischen, ehe der in Deutsch und Lateinisch gehaltene Unterricht wieder aufgenommen wurde. Der Nachmittag schloß mit Musik, und mit einem Gebet ging der Tag um 20 Uhr zu Ende. Maximilian lernte auch das Orgelspielen, Drechseln und Schmieden.

Wir gehen zurück in den Brunnenhof und gleich wieder rechts in die Durchfahrt, die zurück zum Kapellenhof führt. Hier liegt ein großer, glänzender, schwarzer Stein, der an einer Kette befestigt ist. Er wiegt 182 kg. Wer sich stark genug fühlt, kann versuchen, ihn hochzuheben. Einer, dem dies mit Leichtigkeit gelang und der den Stein sogar mehrere Meter durch die Luft schleudern konnte, war Herzog Christoph. Er lebte vor etwa 500 Jahren und war einer der fünf Söhne von Herzog Albrecht. Von ihm gibt es viele Geschichten, denn Christoph war ungewöhnlich mutig und besaß Bärenkräfte. Bei den Münchnern war er sehr beliebt, sie nannten ihn nur den „starken Christoph".

Eines Tages ging über München ein fürchterliches Gewitter nieder. Es donnerte und blitzte so sehr, daß sich die Menschen vor Angst in ihre Häuser einschlossen. Viele dachten, der Weltuntergang sei gekommen. Plötzlich fuhr ein Blitz in den Rathausturm und setzte ihn sofort in Brand. Der Wind wirbelte die Funken umher und schon stand auch das Haus des Bürgers Ligsalz in hellen Flammen. Die Bewohner wollten aus dem Haus stürmen, aber, oh Schreck, alle Türen waren verschlossen und kein Schlüssel zu finden. Die fünf herzoglichen Brüder hatten den Feuerschein gesehen und kamen herbeigeeilt, um zu helfen. Herzog Christoph rannte zum Haus Ligsalz, denn dort war höchste Gefahr. Mit einem gewaltigen Fußtritt zerschmetterte er die Haustür, aus der sofort keuchend und hustend die Bewohner herausstürzten. Nur die Frau des Ligsalz wollte ihr Haus nicht verlassen. Sie schrie und jammerte verzweifelt nach ihrem Kind, das, vom Feuer abgeschnitten, in der Dachstube lag. Christoph beruhigte die arme Frau, führte sie auf die Straße und lief zurück ins Haus. Er kämpfte sich durch die Flammen bis zur Dachstube, hob das Kind aus seinem Bettchen und brachte es unversehrt zu seinen glücklichen

Eltern. Nun versuchte er die Flammen zu ersticken, indem er mit seinen Bärenkräften die Mauern eindrückte. So arbeitete er Stunde um Stunde, bis es endlich zu regnen anfing und das niederströmende Wasser die Flammen auslöschte. Beruhigt konnte nun der starke Christoph in die Burg zurückkehren. Er war so erschöpft, daß er sich noch angekleidet und mit rußverschmiertem Gesicht aufs Bett warf und sofort einschlief. So fand ihn am anderen Morgen sein Bruder Albrecht. „Steh auf, schwarzer Christoph und laß Dir danken!", sagte Albrecht, „Du hast in der letzten Nacht vielen Menschen das Leben gerettet. Zur Belohnung sollst Du hundert Goldstücke bekommen. Geh zum Kämmerer in die Schatzkammer und laß Dir das Geld geben." Erfreut lief Christoph sofort los, denn sein Geldbeutel war fast immer leer. Der Kämmerer aber, der für seinen Geiz bekannt war, jammerte: „Woher soll ich das Geld nehmen, es ist kein einziges Goldstück in der Truhe!" „Das werden wir gleich sehen", rief Christoph, öffnete die Truhe, und siehe da, sie war zur Hälfte mit Goldstücken gefüllt. Vor Zorn packte Christoph den Geizkragen, stopfte ihn in die Truhe, schlug den Deckel zu und setzte sich drauf. Der Kämmerer schrie jämmerlich um Hilfe, aber Christoph antwortete nur: „Jetzt gehts Euch wie den Geldstücken, die müssen auch immer in der dunklen Truhe liegen, obwohl sie gerne ans Licht kämen." Erst als der Kämmerer mit erstickter Stimme versprach, das Gold auszuzahlen, öffnete Christoph die Truhe und zog ihn heraus. Das

Männlein japste nach Luft und war so schwach, daß Christoph sich das wohlverdiente Geld selbst in seinen Beutel zählen mußte.

Durch den Kapellenhof kehren wir zurück in die Residenzstraße und halten uns rechts. Vor dem zweiten Marmorportal sehen wir zwei prächtige Bronze-Löwen sitzen. Eine der blanken, kalten Nasen auf den Schildern zu ihren Füßen müssen wir unbedingt streicheln, denn dann, so sagt der Volksmund, haben wir den ganzen Tag über Glück.

Bevor wir zum Odeonsplatz kommen, sehen wir auf der linken Seite die Feldherrnhalle. König Ludwig I. hat sie erbauen lassen zu Ehren der zwei berühmten bayerischen Feldherrn Tilly und von Wrede und zum Ruhme des bayerischen Heeres. Zwischen den beiden gewaltigen Steinlöwen steigen wir die Stufen hinauf und blicken auf die Ludwigstraße. Sie ist eine der schönsten Straßen Europas, 37 m breit und etwas über 1 km lang. Ihr nördlicher Abschluß ist das Siegestor, hinter dem Schwabing anfängt. An der Ludwigstraße liegt die Universität, an der rund 48 000 Studenten eingeschrieben sind, und die Staatsbibliothek, die 4,8 Millionen Bücher beherbergt. Als König Ludwig I. an die Regierung kam, versprach er: „Ich will aus München eine Stadt machen, die Deutschland so zur Ehre gereichen soll, daß keiner Deutschland kennt, wenn er München nicht gesehen hat." Er hat sein Versprechen gehalten. Aller-

dings hat das die Münchner viele Nerven gekostet, denn über Jahre hinaus war ihre Stadt eine einzige Baustelle. Der König hat im Laufe seines Lebens für die Verschönerung Münchens 30 Millionen Gulden ausgegeben, ein Großteil stammte aus seinem Privatvermögen.

Wir verlassen die Feldherrnhalle in Richtung Ludwigstraße, überqueren die Hofgartenstraße und biegen rechts in den Hofgarten ein. Er ist Münchens ältester Park, allerdings war er früher nur für die Angehörigen des Hofes bestimmt, daher auch der Name. Wir bummeln ein bißchen durch die schönen Anlagen mit den bunten Blumenbeeten, gehen durch den Dianatempel, der seinen Namen von Diana, der Göttin der Jagd hat, die das Dach des Tempels krönt, Haben wir die Anlage durchquert, kommen wir über ein paar Stufen hinunter zum „Grabmal des unbekannten Soldaten". Es wurde zu Ehren der 13 000 im 1. Weltkrieg gefallenen Soldaten aus München errichtet. Die gewaltige Deckplatte des Grabmals ist 5000 Zentner schwer. Im Hintergrund sehen wir das ehemalige, im Krieg zerstörte Armeemuseum, davor ein Reiterstandbild, das Otto von Wittelsbach zeigt. Wir halten uns rechts, überqueren die Hofgartenstraße und kommen zum Marstallplatz. Auf der rechten Seite vor dem Doppelportal, das wieder in den Apothekenhof führt, steht der Kronprinz-Rupprecht-Brunnen. Er wird gekrönt von einer Frauenfigur, die in der einen Hand eine Waage, und in der anderen die griechische Göttin Pallas-Athene trägt. Wo heute die vielen Autos

parken, war einst ein herrlicher Rosengarten mit einem Lusthaus, in dem wertvolle Bilder ausgestellt wurden. Als vor mehr als 450 Jahren der deutsche Kaiser Karl V. auf dem Weg zum Reichstag in Augsburg durch München kam, wurden ihm diese Bilder vorgeführt. Als größte Kostbarkeit galt das Bild „Die Alexanderschlacht" von dem Maler Altdorfer. Ihr könnt es Euch einmal in Ruhe betrachten, wenn Ihr in die Alte Pinakothek geht. Wäre es uns möglich, uns 454 Jahre zurückzuzaubern, so könnten wir teilhaben an den schier unglaublichen Festlichkeiten, die zu Ehren des Kaiserbesuchs in München stattfanden:

Auf dem Weg zur Stadt wurde dem Kaiser die Erstürmung einer Burg aus Holz und Stoff vorgeführt. 1600 Mann mit 100 Geschützen beteiligten sich daran. Im Tal und in der Burgstraße wurden lebende Bilder aus der Geschichte dargestellt. Am Abend folgte ein Feuerwerk auf dem Schrannenplatz (heute Marienplatz), bei dem ein hölzernes Schloß in Flammen aufging. Tags darauf ging man zur Jagd und erlegte 400 Hirsche. Am dritten Tag fand abends ein Festmahl statt. Der Kaiser konnte nur bis zum 32. Gang mithalten, dann mußte er aufgeben. Nachts um 1 Uhr gings dann zum Tanz in den Ballsaal des Rathauses. Man hatte, um den Kaiser zu erfreuen, die schönsten Münchnerinnen dazu eingeladen.

Durch die Marstallstraße kommen wir zur Maximilianstraße, in die wir rechts einbiegen und am Nationaltheater entlang zum Max-Joseph-Platz zurückkehren. Auf dem Grund des Theaters stand bis 1802 ein Franziskanerkloster, das auf Befehl des Königs abgerissen wurde. Ein paar Jahre später wurde der Grundstein für das Nationaltheater gelegt und nach 7jähriger Bauzeit war es fertiggestellt. Man hatte 8 Millionen Backsteine und 30000 Baumstämme verbaut. 5 Jahre nach der feierlichen Eröffnung brannte das Theater bis auf die Grundmauern nieder. Viele Münchner, vor allem die, die mit dem Abriß des Klosters nicht einverstanden gewesen waren, glaubten an eine Strafe des Himmels. Doch es dauerte nur 2 Jahre, bis das Theater in alter Schönheit wiedererstand. Im Oktober 1943 sank es abermals, durch mehrere Bomben getroffen, in Schutt und Asche. Viele Jahre sammelten die Freunde des Nationaltheaters das Geld für einen Wiederaufbau und 1963 wurde es zum dritten Mal eröffnet.

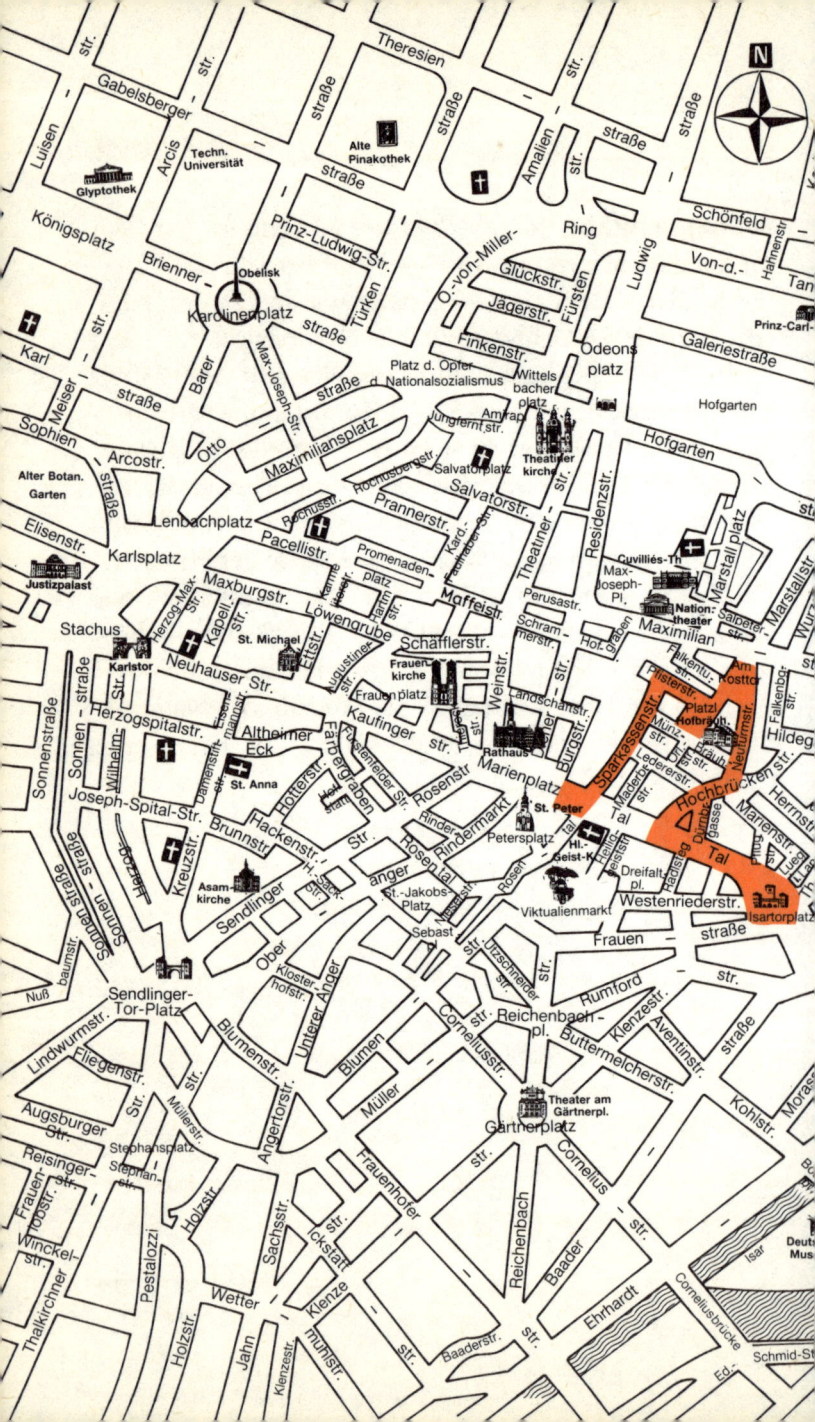

6. Spaziergang
Ausgangspunkt: Altes Rathaus (Tal-Seite)

Von dieser Seite des Alten Rathauses blickt Herzog Heinrich der Löwe auf seine Salzstraße. Er zerstörte im Jahre 1156 die einträgliche Isarbrücke bei Föhring, die Bischof Otto von Freising gehörte und leitete sämtlichen Verkehr zwischen Reichenhall und Augsburg über eine neuerbaute Brücke „bei den Mönchen", also bei München. Der erboste Bischof beschwerte sich beim Kaiser, aber die Brücke durfte bestehen bleiben. Allerdings mußte Heinrich der Löwe ein Drittel der Zolleinnahmen, die an dieser Brücke erhoben wurden, an Bischof Otto abgeben. Wie Heinrich zu dem Beinamen „der Löwe" kam, erzählt uns eine Sage:

Auf einer seiner Reisen durch die weite Welt ritt der abenteuerlustige Fürst einmal durch einen dichten Wald. Plötzlich sah er einen Löwen, der verzweifelt mit einem Drachen kämpfte. Er hatte schon zahlreiche Wunden und sein Fell war rot von Blut. Der mutige Herzog zögerte nicht lange, packte sein Schwert und kam dem Löwen zu Hilfe. Mit vereinten Kräften gelang es ihnen, den Drachen zu töten. Von Stund an folgte der Löwe Herzog Heinrich auf Schritt und Tritt, jagte für ihn und bewachte seinen Schlaf.

Die bronzene Mädchenfigur, die an der Turmseite des Alten Rathauses steht, stellt die „Julia" dar. Sie und ihr

Geliebter Romeo sind die Hauptfiguren einer berühmten Liebesgeschichte, die in der italienischen Stadt Verona spielt. Eine Sparkasse in Verona hat die Figur 1974 der Stadt München geschenkt.

Betrachten wir uns das Haus, das dem Alten Rathaus gegenüber an der Ecke zur Sparkassenstraße steht, so sehen wir an der Hauswand ein verwittertes, altes Steinbild, das eine Löwin darstellt, die sich über ihre beiden Jungen beugt:

Im späten Altertum glaubte man, daß die Löwenbabys tot auf die Welt kommen und die Löwenmutter sie erst 3 Tage nach der Geburt durch ihren Atem zum Leben erweckt. Von solch einer „Löwengeburt" erzählt dieses Bild.

Auf der anderen Talseite sehen wir die Heiliggeistkirche. Zu ihr gehörte ein großes Spital, das sich bis weit auf den heutigen Viktualienmarkt erstreckte. Es mußte abgerissen werden, als der Markt vom Marienplatz hierher verlegt wurde.

Vor 650 Jahren stifteten die Eheleute Burkhard, der Wadler und seine Frau Heilwig, die Wadlerin, diesem Spital 63 Pfund Pfennige. Der größte Teil sollte den Kranken zugute kommen, aber von 3 Pfund Pfennigen sollten Brez'n gekauft und an die Armen der Stadt verteilt werden. So geschah es. Jedes Jahr in der Neujahrsnacht ritt ein Knecht des Spitals auf einem Schimmel, dem

man die Hufe gelockert hatte, damit es laut klappert, durch die Gassen und verteilte aus einem großen Sack Brez'n an die Armen. Viele hundert Jahre wurde es so gehalten, bis 1801 der letzte Wadlerreiter vom Pferd gerissen und mißhandelt wurde, da man der Meinung war, der Reiter habe nicht genug Brez'n in seinem Sack gehabt. Von da ab wurde die Wadlerspende nicht mehr ausgegeben.

Wir gehen in die Sparkassenstraße. Das rechte Eckhaus, das vor 180 Jahren erbaut wurde, zieht sich weit in die Straße hinein. Früher war hier das Stadtbauamt, heute gehört es einer Sparkasse. Die lange Hausfront ist mit einem Bogenvorbau geschmückt. Auf ihm stehen Figuren aus Stein. Darunter sehen wir Wappentafeln, die, von links nach rechts gelesen, die Inschrift tragen: „Schaffen und Streben / Allein nur ist Leben / Feststehen immer / Stillstehen nimmer". Und an der Hauswand über dem Vorbau steht zu lesen: „Man muß Rat geben, aber auch Rat hören" und „Die große Hast ist schlechter noch als Trägheit". Sicher waren diese klugen Sprüche vom Erbauer den Beamten des Stadtbauamtes gewidmet. Wo die Ledererstraße die Sparkassenstraße kreuzt, steht auf der linken Ecke das Zerwirkgewölbe. Seit 280 Jahren wird hier Wild zerlegt, aufbereitet und verkauft. Vor dieser Zeit war es das erste „Churfürstliche Brauhaus", in dem das früher übliche Braunbier gebraut wurde. Gehen wir weiter bis zur Pfisterstraße, in die wir rechts

einbiegen. Das Eckhaus (Nr. 10) ist die sehenswerte Hofpfisterei, in der das Brot für die bayerischen Herzöge gebacken wurde. Das Haus ist heute noch so erhalten wie es vor 600 Jahren erbaut wurde. Einst floß vor dem Haus der Stadtbach vorbei.

Am Ende der Pfisterstraße kommen wir zum Platzl, einem kleinen, dreieckigen Platz. In einem Lied heißt es: „Solang dort am Platzl, noch steht das Hofbräuhaus, solang stirbt die Gemütlichkeit, bei den Münchnern niemals aus." Das Hofbräuhaus, das wir jetzt vor uns sehen, ist weltberühmt. Gehen wir einmal durch die Schwemme (Parterre), um ein bißchen von der bierseligen Stimmung mitzubekommen, die hier zu jeder Tageszeit herrscht. Täglich werden etwa 10 000 l Bier ausgeschenkt. Bis vor 60 Jahren war die kleinste Menge, die man kaufen konnte, 1 Maß (= 1 Liter) und sie wurde nur aus Steinkrügen getrunken. Kleinere Mengen, wie ½ Liter oder noch weniger, führte man erst später für Preußen, arme Künstler und Studenten ein. Seit 130 Jahren gehört das Hofbräuhaus dem bayerischen Staat. Heute gibt es in München 7 Brauereien, vor 140 Jahren waren es noch 61. Damals soll es im Hofbräuhaus eine Bierbeschau gegeben haben:

Die Bierbeschauer mußten hirschlederne Hosen tragen. Eine Holzbank wurde mit Bier übergossen und die Bierbeschauer mußten sich draufsetzen. Nach einer Stunde standen alle auf ein Zeichen hin gemeinsam auf.

Blieb nun die Bank an ihren Hosen kleben und wurde mit emporgehoben, so war das Bier gut und kräftig und sein Geld wert.

Am Platzl Nr. 5 war einst das Kosttor. Für die Armen der Stadt eine wichtige Adresse, denn hier konnten sie sich kostenlos eine warme Suppe abholen. Das Kosttor wurde zusammen mit dem angrenzenden Neuturm vor etwa 100 Jahren abgerissen. Dieser runde Turm diente als Gefängnis für Leute, die ihre Schulden nicht bezahlen konnten. Heute ist es „Am Kosttor" sehr idyllisch. Man nennt diesen kleinen Platz auch Altmünchner Winkel. Der Brunnen wurde von dem Großhändler Adolf Wolf gestiftet. Auf einer hohen Säule steht das Rotkäppchen mit dem Wolf. Am Fuß der Säule spucken 4 Wolfsköpfe Wasser ins Becken. Rechts durch die Neuturmstraße geht's in die Hochbrückenstraße, die früher „Einschütt" hieß, da aller Unrat in den hier fließenden Katzenbach geschüttet wurde. Wir machen halt bei Haus Nr. 8, dem Moradellihaus (gegenüber der Polizei), das sich ein Schlossermeister namens Moradelli bauen ließ. Es ist ein typisches Münchner Bürgerhaus aus der Zeit vor 300 Jahren, mit seitlichen Dachgauben, von den Münchnern „Ohrwascheln" genannt. Ursprünglich wurden durch diese Gauben mit einem Flaschenzug schwere Lasten auf den Dachboden des Hauses gezogen. Durch die Toreinfahrt gelangen wir zu einem stimmungsvollen Laubenhof mit 3seitig umlaufenden Holzbalkonen, das letzte

Beispiel dieser Art in München. Die Hochbrückenstraße
führt uns wieder ins Tal, wo wir rechts den Merkurbrun-
nen sehen. Merkur war der Bote der griechischen Götter
und Gott des Handels. Einst führte an dieser Stelle eine
Hochbrücke über den Katzenbach. Viele hundert Jahre
lang war das Tal der Sammelplatz für den Fuhrverkehr.
Schon früh entstand eine Gastwirtschaft neben der
anderen, denn, wie sich denken läßt, waren die von
weither kommenden Fuhrleute hungrig und durstig.
Hier konnten sie übernachten, ihre Pferde einstellen und
hatten einen Abstellplatz für ihre Wagen. Neben Bäk-
kern und Brauern wohnten im Tal hauptsächlich Handwerker und kleine Handelsleute.
Wir halten uns links und kommen zum Isartor. Der
rechte Seitenturm beherbergt das Valentinmusäum, in
dem der edle Blödsinn regiert. Das lassen wir uns nicht
entgehen, denn der Eintritt ist billig: „Erwachsene
zahlen 199 Pfennige, Kinder und Militär die Hälfte und
99jährige in Begleitung ihrer Eltern gar nichts". Wir
finden Berliner Luft in einer Flasche, den Nagel, an den
Valentin seinen Schreinerberuf hängte, einen pelzbe-
setzten Zahnstocher für die kalte Jahreszeit und vieles
mehr. Ganz oben, im Café angekommen, lassen wir uns
häuslich nieder, trinken Kaffee oder Schokolade und
essen vielleicht eine frischgebackene Schmalznudel
dazu.
Das Isartor ist über 650 Jahre alt. Es gehörte einst zur
Stadtmauer. Unzählige Besucher sind im Laufe der

Jahrhunderte hier eingezogen. Gäste, die zu großen Festen kamen, siegreiche Soldaten, feindliche Heere, Handwerksburschen auf der Suche nach Arbeit, Pilger, Schausteller und Händler mit vollbepackten Fuhrwerken. Die meisten von ihnen hatten Salz geladen. Jährlich trafen ungefähr 150 000 Zentner Salz in München ein. Das ist im Verhältnis zu der kleinen Bevölkerungszahl eine Riesenmenge. Aus Reichenhall, wo das Salz gewonnen wurde, kam es über Traunstein, Seebruck, Rosenheim nach München und von hier aus wurde es über Landsberg weitertransportiert bis Augsburg. Alle Städte, die an der Salzstraße lagen wurden reich, denn sie machten mit Salzniederlagen, Stapelhäusern und Salzzoll ein glänzendes Geschäft. Im Jahre 1380 machten in München die Steuereinnahmen aus dem Salz mehr als die Hälfte des städtischen Haushaltes aus. Zum Transport verwendete man Saumtiere, die mit Salzrädern schwer bepackt wurden. Unter Saum versteht man die Last, die ein Saumtier zu tragen vermochte, nämlich 3 Zentner. Die Männer, die die Saumtiere führten, waren die Säumer. 10 bis 20 Säumer bildeten eine Karawane, die von 20 bis 30 Schützen begleitet wurde, denn es trieb sich allerhand Raubgesindel herum. In einsamen Gegenden gab es auch noch Bären und Wölfe. Im Jahre 1340 hat der Münchner Großzöllner Fangprämien für 888 alte und 370 junge Wölfe bezahlt. Eine andere Art des Transports waren die oft von mehreren Pferden gezogenen Plachenwagen, die so ähnlich aussahen wie die Planwagen, die

wir aus Wildwestfilmen kennen. Sie faßten gute 20
Zentner Salz. Auf dem Weg von Reichenhall nach
München hatten die Händler allerlei strenge Gesetze und
Vorschriften zu beachten. So bestimmte der Herzog
unerbittlich: „Wer mehr als eine Meile vom Weg
abkommt, büßt sein Fuder ein und wird bestraft", oder
„das Salz muß zu München in Stadeln gelagert, verzollt
und angeboten werden und soll von Sonnenaufgang bis
zur Abendröte in den Stadtmauern von München sein".
Die oft prächtig geschmückten Salzstadel standen in
München auf dem Promenadeplatz und in der Neuhauser Straße. Den Hauptgewinn am Salzhandel machten
die sogenannten Salzsender. Sie hatten den Großhandel
in Händen, wurden davon sehr reich und entwickelten
sich zu hochangesehenen Patrizierfamilien. Zu ihnen
gehörten die Familien Ligsalz, Püttrich und Tulbeck.
Die geringen Leute, die nicht soviel Geld hatten, aber
auch mit Salz handeln wollten, mußten sich mit kleinen
Mengen begnügen. Man nannte sie Kramer oder Salz-
stößler, weil sie die Salzscheiben zerstießen und in
kleinen Mengen verkauften.

Der Name „Salz" stammt von dem lateinischen Wort
„sal" und bedeutet auch „das Meer". Wir begegnen
diesem Stammwort wieder in „Salat" (gesalzene Speise,
„Salami" (Salzwurst) oder „Sülze" (Salzlecke). Die Kel-
ten, eine Völkergruppe, die einst Süd- und Südwest-
deutschland bewohnte, sagten zu Salz „hal", das ist der
Ursprung der Ortsnamen Hall, Hallein, Halle oder

Reichenhall. Der menschliche Körper braucht im Jahr rund 8 Kilogramm Salz. Diese Menge muß sowohl der König als auch der Bettler haben, wenn er nicht zugrunde gehen will.

Im Volksmund gilt das Salz als ein Symbol der Freundschaft, der Klugheit und der Gesundheit. In einigen Sprichwörtern hat sich diese Bedeutung bis heute erhalten, so. z. B. in:

„Salz und Brot macht Wangen rot",

„Das ist das Salz in der Suppe".

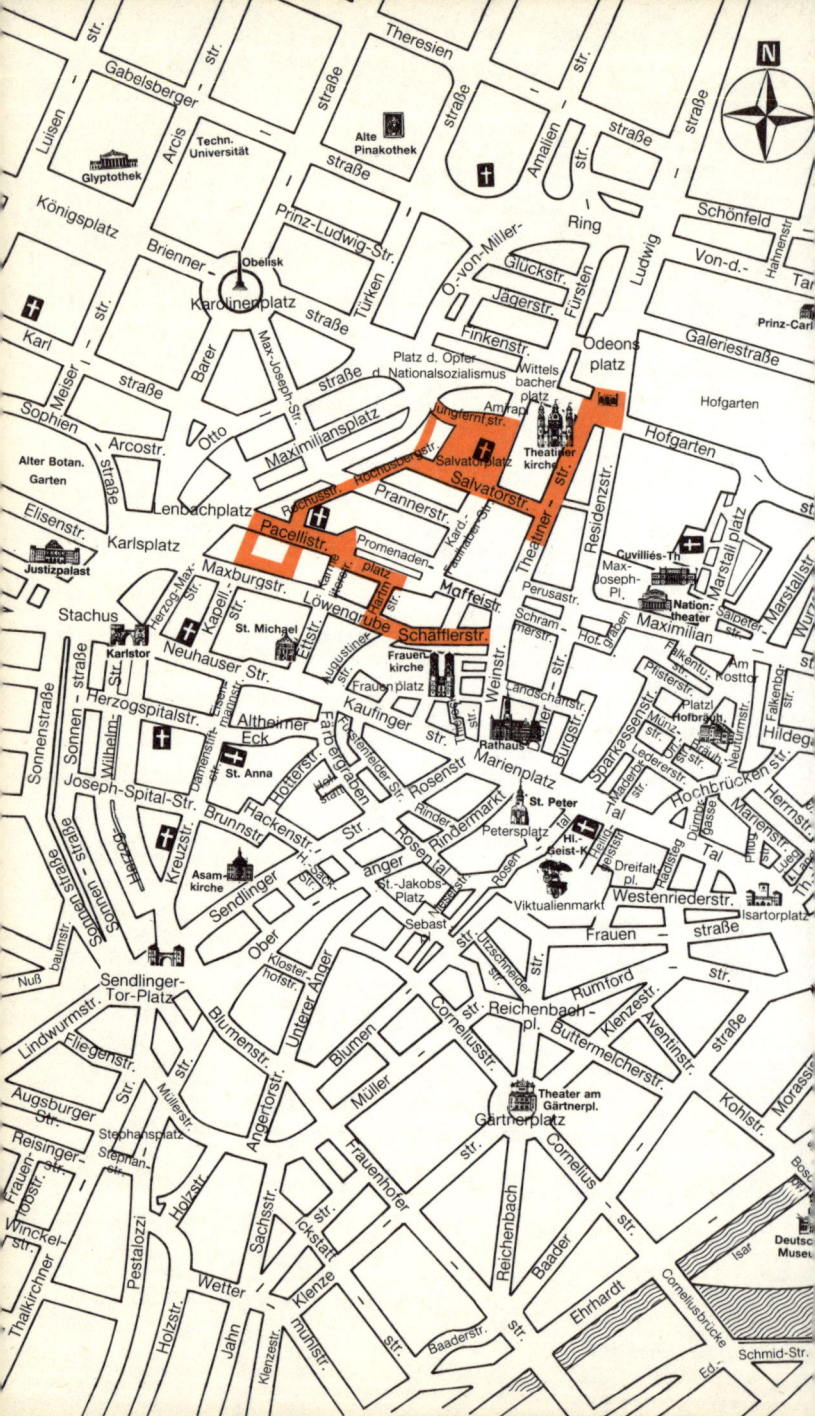

7. Spaziergang
Ausganspunkt: Odeonsplatz – Theatinerkirche

Die gewaltige Theatinerkirche verdankt ihr Entstehen einem Gelöbnis des Kurfürstenpaares Ferdinand Maria und Henriette Adelaide. Die beiden Fürstenkinder waren erst 14 Jahre alt, als sie auf Befehl ihrer Eltern miteinander verheiratet wurden. Lange Jahre blieb der ersehnte Thronfolger aus. Der heilige Cajetan wurde um Hilfe angefleht, und als 1662 Henriette Adelaide endlich einen Sohn zur Welt brachte, gab der glückliche Vater sofort den Auftrag zum Bau einer Kirche, die dem heiligen Cajetan geweiht werden sollte. Henriette Adelaide befahl dem Baumeister: „Achtet alleinig darauf, daß sie die schönste und wertvollste Kirche, wie keine andere der Stadt werde!" Gleichzeitig wurde das anschließende Theatinerkloster errichtet. Auf Wunsch der Kurfürstin sollte der Orden der Theatiner (katholischer Männerorden) nach München berufen werden. Die Theatinermönche waren zur völligen Armut verpflichtet. Sie durften nicht einmal betteln, sondern mußten warten, bis ihnen von Gläubigen Nahrung gebracht wurde. Für Notfälle wurde im Kloster eine „Hungerglocke" angebracht. Sie sollte geläutet werden, wenn die Mönche länger als 3 Tage ohne Nahrung waren.

Viele Jahre brachten gutherzige Menschen den Mönchen Essen und Trinken, aber langsam wurde es immer weniger und weniger, denn jeder dachte, der andere würde sich schon darum kümmern. Da ertönte am St. Peterstag des Jahres 1727 eine Glocke, die nicht mehr aufhören wollte zu läuten. Die Menschen liefen aufgeregt zusammen, denn keiner hatte die Glocke jemals zuvor gehört. Endlich kam einer darauf, daß wohl die Theatinermönche in großer Not die Hungerglocke läuteten. Nun hatten alle ein schlechtes Gewissen, liefen nach Hause und holten das Beste aus Küche und Keller und schafften es zum Kloster. Die vom Hunger geschwächten Mönche nahmen all die herrlichen Speisen und Getränke dankbar entgegen. Von nun an wurden sie wieder regelmäßig versorgt und nur noch einmal, 15 Jahre später, mußte die Hungerglocke geläutet werden.

Wir spazieren ein Stück durch die Theatinerstraße und biegen rechts in die Salvatorstraße ein. Am Klostergebäude vorbei, in dem sich heute das Bayerische Staatsministerium für Unterricht und Kultus befindet, kommen wir zur Salvatorkirche. Wir gehen links herum, kommen an dem hölzernen Eingangstor vorbei und verweilen auf dem kleinen, ruhigen Platz an der Turmseite. Man sieht es den verwitterten alten Ziegeln an, daß sie 500 Jahre lang allen Stürmen der Zeit getrotzt haben. 3 Jahrhunderte war die Kirche von einem Friedhof umgeben. Viele Münchner, darunter berühmte Künstler, Ärzte und Schriftsteller, haben hier ihre letzte Ruhestätte gefunden. Als vor 200 Jahren die Beisetzung der Toten innerhalb der Stadtmauern verboten wurde, mußten die Gräber aufgehoben werden. Gegen den erbitterten Widerstand der Bürger, die ihre Toten auch weiterhin auf diesem Friedhof besuchen wollten, wurden die Gebeine auf Karren geladen und zum heutigen Südfriedhof gebracht. Von nun an wurden in der Kirche Gemälde gelagert, später stellte man Kutschen unter. Dann wurde sie von König Ludwig I. der griechisch-orthodoxen Kirchengemeinde übergeben, in deren Besitz sie auch heute noch ist.

An der ehemaligen Städtischen Musikbibliothek entlang erreichen wir die Jungfernturmstraße, in die wir links einbiegen. Linker Hand sehen wir die einzigen Überreste der uralten Stadtmauer, die Kaiser Ludwig der Bayer erbauen ließ. Heute noch können wir die Stadtseite des vor 180 Jahren abgetragenen Jungfernturmes erkennen. Von jeher war dieses Bauwerk den Münchnern unheimlich.

Man erzählt sich, daß sich im Innern des Turmes eine eiserne Jungfrau befand. Ein zum Tode Verurteilter wurde vor sie hingeführt, und ihm wurde befohlen, die Jungfrau zu küssen. Trat der Todeskandidat einen Schritt vor, um den Befehl auszuführen, öffnete sich unter seinen Füßen eine unsichtbare Falltür, durch die der Unglückliche in ein unterirdisches Verließ stürzte und auf Nimmerwiedersehen verschwand.

Die Münchner waren froh, als der Turm vor 180 Jahren endlich abgerissen wurde.

Die Jungfernturmstraße endet am Maximiliansplatz. Wir gehen durch die kleine Gasse, die links abbiegt und kommen zur Rochusbergstraße, in die wir rechts einbiegen und bis zum 180 Jahre alten Maxtor gehen. Hier beginnt die Prannerstraße.

Vor langer Zeit ging in dieser Straße ein Gespenst um. Es war fürchterlich dick und sprach nie ein Wort. Es heftete sich an die Fersen der nächtlichen Spaziergänger und ließ sich weder durch Anbrüllen noch durch Beschimpfen abschütteln. Viele Jahre trieb es sein Umwesen, bis es eines Tages spurlos verschwand.

Wir lassen das Maxtor rechts liegen und gehen geradeaus weiter in die Rochusstraße. Gegenüber dem Erzbischöflichen Ordinariat, auf der rechten Straßenseite am Haus Nr. 2 erinnert eine Tafel an das vor 200 Jahren abgebrochene St.-Rochus-Pilgerspital, das der Pflege durchziehender, kranker Pilger diente. Es bekam seinen Namen vom heiligen Rochus.

Er war der Sohn reicher Eltern und verschenkte nach deren Tod sein großes Vermögen an die Armen. Dann verließ er seinen Heimatort, zog umher und widmete sich der Pflege von Alten und Kranken. Während einer Pestepedemie wurde er selbst von dieser furchtbaren Krankheit ergriffen, aber auf wunderbare Art wieder geheilt. Viele Jahrhunderte galt er als Fürbitter der Pestkranken.

Die Rochusstraße mündet in die Pacellistraße. Hier steht links die Dreifaltigkeitskirche. Ihre Gründung geht auf ein Gelöbnis der Münchner Bürger zurück:

Vor etwa 280 Jahren kämpften die Bayern in einem Erbfolgekrieg gegen die Österreicher. Es stand schlecht für die Bayern, denn sie hatten eine wichtige Schlacht verloren. Die Feinde rückten nach München vor, und in der Stadt herrschte Angst und Schrecken, denn man befürchtete Plünderung, Mord und Brand. Da weissagte ein frommes Mädchen namens Maria Anna Lindmayr, daß München von der Zerstörung verschont bliebe, wenn man der Heiligen Dreifaltigkeit (Gott Vater, Gott Sohn und Heiliger Geist) eine Kirche weihen würde. So gelobten die Geistlichkeit, der Adel und die Bürgerschaft den Bau dieses Gotteshauses. Die Stadt wurde tatsächlich nicht zerstört, und 7 Jahre später begann man mit dem Bau der Kirche. Zur Erinnerung daran steht auf einer Tafel im Innenraum der Kirche geschrieben: „Die Stadt läg in dem Grund, wann diese Kirch nit stund."

Wir halten uns rechts in Richtung Maximiliansplatz und überqueren an der Ampelanlage die Pacellistraße. Der Turm, den wir links sehen, gehörte einst zur Herzog-Max-Burg, die im Krieg durch Bomben völlig zerstört wurde. In dem neuerbauten Gebäude befindet sich jetzt das Amtsgericht. Geradeaus, durch die Passage, erreichen wir einen begrünten Innenhof, wo wir uns, fernab vom Straßenlärm, ein bißchen ausruhen können. Wenn es die alte Maxburg auch nicht mehr gibt, so hat sich doch eine Sage erhalten, die von einem seltsamen Vorfall erzählt, der sich dort zugetragen hat.

An einem sehr kalten Winterabend stand ein junger Soldat vor dem Burgtor auf Wache. Er war müde und schlotterte vor Kälte. Plötzlich sah er eine dunkle Frauengestalt vorüberhuschen. Wie ihm befohlen, rief er die Gestalt an und fragte nach ihrem Namen. Die Frau drehte sich langsam um und zu seinem Entsetzen erkannte der Soldat die längst verstorbene Kurfürstin Marianne. Ihn packte solche Angst, daß er seinen Auftrag, Wache zu stehen, völlig vergaß und blindlings in den Burghof rannte. Dort brach er ohnmächtig zusammen. Es begann in dicken Flocken zu schneien, und als der Morgen graute, war der arme Soldat ganz vom Schnee bedeckt. Jetzt endlich vermißten ihn seine Kameraden und machten sich nach ihm auf die Suche. Als sie ihn gefunden hatten, gab er nur noch schwache Lebenszeichen von sich. Aber der Soldat war jung und kräftig und erholte sich bald. Dann erzählte er von seinem nächtlichen Erlebnis. Zunächst wollte ihm keiner glauben, bis auch andere der toten Kurfürstin begegneten. Da sie aber ein gutmütiger und freundlicher Geist war, hatten sich bald alle an den seltsamen Hausgenossen gewöhnt.

Wenn wir jetzt links am Amtsgericht entlanggehen, kommen wir zum Mosesbrunnen. Moses ist die bedeutendste Gestalt des Alten Testaments. Er steht auf einem 7 m hohen Granitstein und weist mit der Hand auf das kostbare Wasser, das er mit seinem Stab aus dem Felsen geschlagen hat.

Am Brunnen vorbei halten wir uns links und kommen wieder zur Pacellistraße, auf der wir rechts zum Promenadeplatz kommen. Er hieß früher Kreuzgasse und war Münchens einträglichster Marktplatz, denn hier standen die Salzstadel, in denen das Salz gelagert und gehandelt wurde. Um den Platz herum und in den anliegenden Gassen standen die Häuser der reichen Salzhändler und prächtige Adelspaläste. Als die Stadt sich immer mehr ausweitete, wurde auch das Getümmel auf dem Platz immer größer. Das Geschrei der Händler und das Knarren der Fuhrwerke ärgerte die reichen und vornehmen Herren, und so ließen sie keine Ruhe, bis die Salzstadel außerhalb der Stadt in die heutige Arnulfstraße verlegt wurden. Nun ließ man die noch störenden Gebäude abreißen und Lindenbäume pflanzen. Aus der Kreuzgasse war der Promenadeplatz geworden, auf dem die vornehme Welt spazierengehen konnte. Von einem reichen Anwohner dieses Platzes hat sich eine Geschichte erhalten:

Obwohl in München eine große Hungersnot herrschte, hatte der geizige Mann alle Speicher seines großen Hauses voll Korn, das er zu Wucherpreisen verkaufte. Im Rückgebäude wohnte eine arme Familie mit 7 Kindern. Als sie die Miete nicht mehr bezahlen konnte, jagte der böse Geizkragen sie aus dem Haus. Da verfluchte die arme Frau ihn mit den Worten: „Ratten und Mäuse sollen über deinen Speicher kommen und alles vernichten!" Schon nach kurzer Zeit ging der Fluch in Erfüllung. Überall im Haus wimmelte es von Ratten und Mäusen. Der verzweifelte Mann legte sich mehrere Katzen zu, aber es half nichts, sein ganzes Korn wurde aufgefressen und schon bald waren die Speicher leer und verdreckt. Von all dem Unglück wurde seine Frau trübsinnig und starb. Kurz darauf mußte er auch sein einziges Kind beerdigen. Soviel Pech konnte auch er nicht ertragen. Er nahm einen Strick, ging auf seinen leergefressenen Dachboden und erhängte sich. Aber auch im Tode fand er keine Ruhe. In Gestalt einer großen schwarzen Katze geistert er bis heute ruhelos durchs Haus.

Vom Promenadeplatz biegen wir rechts in die Hartmannstraße und kommen zur Löwengrube, in die wir links einbiegen. Die Straße verdankt ihren Namen einem inzwischen verschwundenen Bildnis an einer Hauswand, das „Daniel in der Löwengrube" darstellte. Auch die weltbekannte Löwenbrauerei, die sich hier früher befand, hat ihren Namen daher. Vor langer Zeit lebte in dieser Straße der unglückliche Gastwirt Johann Jäger. Er war einer der Anführer des Sendlinger Bauernaufstandes im Jahre 1706.

*München war in dieser Zeit von den Österreichern besetzt.
Die Feinde verlangten 12000 junge Bayern, die für sie in
Italien und Ungarn kämpfen sollten. Da ging eine Welle der
Empörung durchs bayerische Land. 5000 Bauern aus dem
Oberland bewaffneten sich mit Äxten, Keulen und Sensen
und zogen gegen das besetzte München. Ihr Anführer war
ein riesenhafter, bärenstarker Schmied aus Kochel. Sie
hatten sich mit zahlreichen Münchner Bürgern heimlich
verbündet. Gemeinsam wollten sie die Österreicher über-
rumpeln und aus der Stadt jagen. So schlecht ausgerüstet,
aber wild entschlossen und mit Löwenmut kamen sie ans
Sendlinger Tor. Aber nicht ihre Verbündeten öffneten das
Stadttor, sondern die feindlichen Österreicher. Der Plan
war verraten worden. In einem fürchterlichen Kampf
wurden die Aufständischen niedergemetzelt. Die Anführer, die den Kampf überlebt hatten, wurden hingerichtet.
Unter ihnen war der in München allseits beliebte Gastwirt
Johann Jäger. Man schleppte ihn auf den Marienplatz,
schlug ihm den Kopf ab und viertteilte seinen Leib.*

Hinter der Frauenkirche geht die Löwengrube in die
Schäfflerstraße über, die in die Theatinerstraße mündet.
Hier sehen wir an einem Eckhaus einen Schäffler. Er
erinnert an die Schäffler, die noch bis 1900 in der Schäffler-
straße ihre Werkstätten hatten und allerlei Gefäße und
Fässer aus Holz anfertigten.

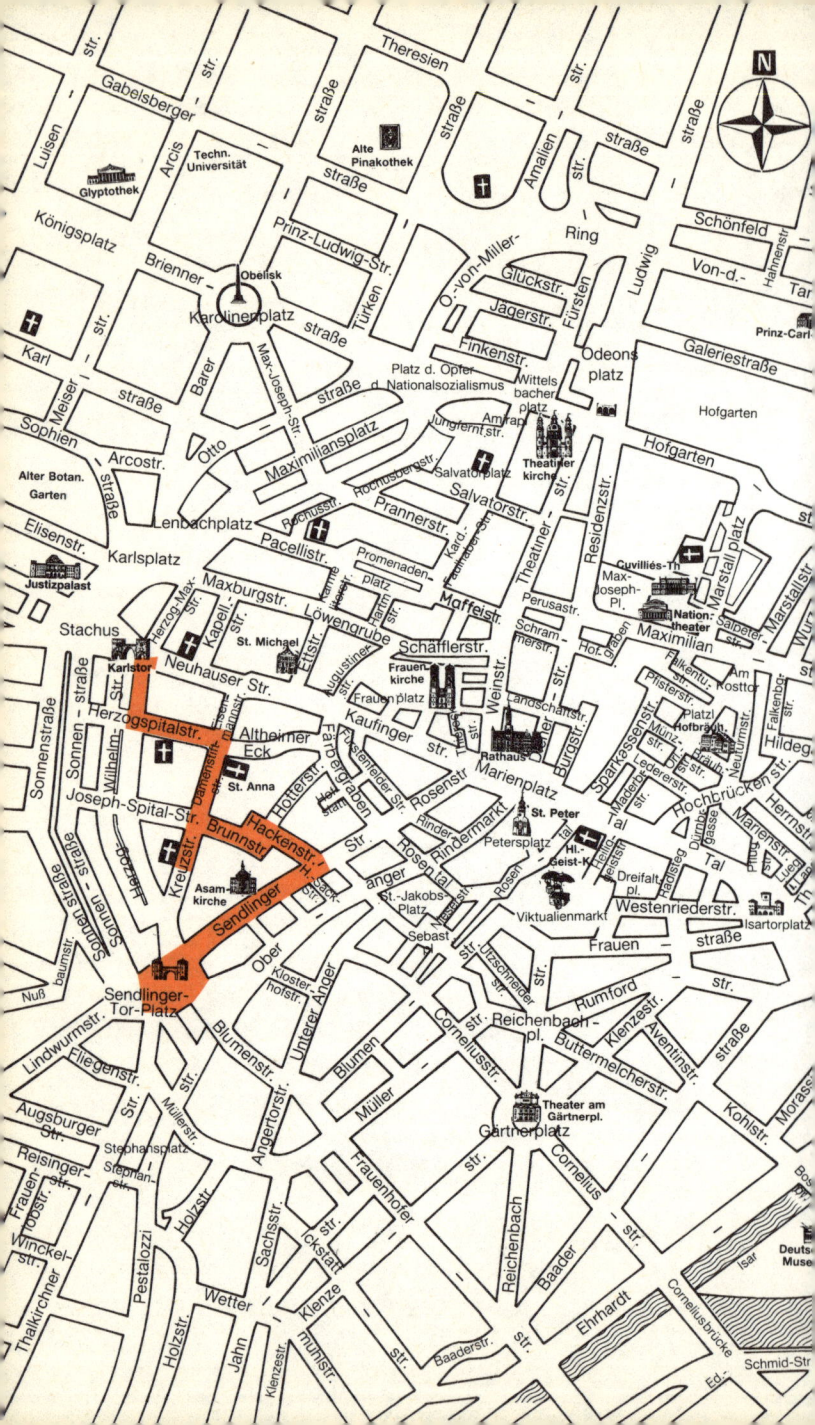

8. Spaziergang
Ausgangspunkt: Sendlinger Tor

Vom Sendlinger-Tor-Platz oder aus dem U-Bahn-schacht kommend, stehen wir vor zwei sechseckigen Flankentürmen und einem großen Tor in der Verbindungsmauer. Es ist das Sendlinger Tor. Dahinter liegt der Wehrhof. Die Anlage gehörte zum 2. Mauerring, der vor etwa 660 Jahren um die Stadt gezogen wurde. Um uns ein bißchen mehr darüber anzuhören, gehen wir links zu dem kleinen Platz mit der modernen Brunnenanlage „Auffliegende Vögel". Auf der niedrigen Mauer, die den Brunnen umgibt, können wir uns niederlassen.

Der Mauergürtel, den der Gründer von München, Heinrich der Löwe, um die Stadt gezogen hatte, war sehr schnell zu eng geworden, denn die Stadt hatte durch den Salzhandel (7. Spaziergang) einen großen Aufschwung genommen. Als ein großes Feuer ein Drittel der Stadt vernichtet hatte, beschlossen die Münchner, ihre Stadt zu vergrößern. Ein paar hundert Meter außerhalb der alten Mauer fingen sie an, einen Graben zu schaufeln. Alle arbeitsfähigen Bürger, Männer wie Frauen, mußten mithelfen. In die fertigen Gräben wurde Wasser von der Isar geleitet. Dahinter wurde die neue doppelte Mauer mit vielen eckigen und runden Türmen errichtet. Auch baute man große, eisenbeschlagene Tore ein. Davor waren gewaltige Fallgitter, die zum Öffnen hochgezogen

*werden mußten. Drei der Tore sind bis heute erhalten:
das Sendlinger Tor, das Isartor und das Neuhauser Tor.
Im Winter wurden die Tore abends um 9 Uhr geschlossen,
im Sommer um 10 Uhr. Daneben gab es kleine Einlaß-
tore. Späte Gäste und Nachzügler wurden hier eingelas-
sen. Allerdings mußten sie dafür bezahlen, und zwar für
jede Person und für jedes Tier 6 Kreuzer. Innerhalb der
Mauer machte vom Einbruch der Dunkelheit bis zum
Morgengrauen der Nachtwächter mit Lanze und
Laterne seine Runde. Er bewachte Haus und Hof und
gab acht, daß kein Feuer ausbrach.*

Ganz in der Nähe des Sendlinger Tores stand einst das
„Fausttürmchen". Wie es zu seinem Namen kam, erfahren wir aus einer alten Sage:

*Vor langer Zeit lebte in der Umgebung von München ein
gefürchteter Raubritter. Er war unersättlich und hätte
auch gerne in der Stadt sein Unwesen getrieben. Da aber
alle Stadttore gut bewacht wurden und sich jeder Besucher ausweisen mußte, war es ihm unmöglich, unerkannt
in die Stadt zu gelangen. Da hörte er von einem besonders
geldgierigen Münchner Bürger. Als dieser eines Tages die
Stadt verließ, paßte ihn der Raubritter ab und überredete
ihn, gegen einen gehörigen Batzen Geld nachts heimlich
ein Tor zu öffnen und ihn einzulassen. Das Gespräch
wurde aber von einem zufällig Vorübergehenden
belauscht und sofort beim Stadtrat gemeldet. Der
bestechliche Bürger wurde auf der Stelle verhaftet und*

vor Gericht gestellt. Wegen des besonders ehrlosen Vorhabens des geldgierigen Bürgers und zur Abschrekkung für alle anderen fiel die Strafe sehr grausam aus. Der Verbrecher wurde bei lebendigem Leibe in den Turm eingemauert, wo er elend zugrunde ging. Zur Erinnerung an dieses schlimme Ereignis wurde auf der Turmspitze eine drohende Faust angebracht.

Von da ab spukte es in dem Türmchen. Wenn nämlich, was doch hin und wieder vorkam, ein Unschuldiger hingerichtet worden war, erglühte in der Nacht nach der Urteilsvollstreckung die Faust auf der Turmspitze in einem unheimlichen roten Licht. Gleichzeitig dröhnten an der Haustür des Scharfrichters drei dumpfe Schläge. Der Scharfrichter meldete das Ereignis sofort dem Stadtrat, und am anderen Tage mußten alle Münchner für das Seelenheil des Verstorbenen beten.

Wir gehen zurück zum Ausgangspunkt und biegen nun durch das Tor und den Wehrhof in die Sendlinger Straße ein. Wer in alter Zeit nach Österreich oder Italien fahren wollte, mußte die Stadt auf dieser Straße verlassen. Darum befanden sich hier früher auch viele Gasthäuser. Nach ein paar Schritten kommen wir auf der linken Seite zur St.-Johann-Nepomuk-Kirche, von den Münchnern nur Asamkirche genannt. Mitten in der Häuserzeile steht dieses berühmte Gotteshaus. Sein Dach krönt ein kleines Türmchen. Die Außenwand ist so prunkvoll gestaltet, daß sie die Blicke aller Vorübergehenden auf sich zieht.

Erbauer der Kirche sind die Brüder Egid Quirin und Kosmas Damian Asam. Im Haus links daneben haben die Brüder gewohnt. Die Fassade ist reich verziert. Das Gebäude zur Rechten ist das Priesterhaus. Egid und Kosmas führten fast alle künstlerischen Arbeiten selbst aus. So schnitzten sie das kunstvolle Eingangstor, formten Figuren und malten Bilder. Über dem Eingang sehen wir einen betenden Heiligen, der seinen Blick himmelwärts wendet. Darüber, in strahlendem Gold, das Herz Jesu. Durch das Tor betreten wir den Vorraum. Hinter einem kunstvollen Eisengitter blicken wir auf den reichgeschmückten, schmalen, hohen Kirchenraum. Die Wände sind mit Girlanden und Kränzen aus goldenen Blumen geschmückt. Engelsköpfchen und Heiligenfiguren blicken auf uns hernieder. Ganz geheimnisvoll wird einem zumute. Den unteren Altar schmückt eine Strahlengruppe. Darüber befindet sich der Mittelpunkt der Kirche, der Dreifaltigkeits-Altar mit Gott Vater, Sohn und Heiligem Geist und zwei Anbetungsengeln. Was hat die Brüder veranlaßt, diese wunderschöne Kirche zu erbauen?

Eines Tages fuhren die beiden die Donau hinunter. Ihr Boot war schwer beladen mit Kirchenschmuck für das Kloster Weltenburg, an dessen Kirche die Brüder arbeiteten. Plötzlich kam ein starker Sturm auf. Das Boot wurde hin und her geworfen und kam gefährlich nah an die steilen, felsigen Uferwände. In ihrer Not riefen Kosmas und Egid den Brückenheiligen Nepomuk um Hilfe an. Tatsächlich erreichten sie unbeschadet das rettende Ufer des Klosters Weltenburg. Aus Dankbarkeit gelobten sie, dem Heiligen eine Kirche zu erbauen. Noch heute erinnern die beiden Felsen links und rechts der Eingangstreppe an das gefährliche Erlebnis.

Wir verlassen die Kirche und halten uns weiter links, bis wir zur Hackenstraße kommen, in die wir einbiegen. Wer früher hier sein Haus hatte, wohnte „An der Hundskugel". An der Ecke Hotter-/Hackenstraße steht Münchens ältestes Gasthaus „Hundskugel". Das Halbgiebelhaus ist 540 Jahre alt. An der Seitenfront sehen wir noch einen Aufzugsbalken, an dem einst schwere Lasten auf den Dachboden gezogen wurden. Ein schönes altes Wirtshausschild lädt schon von weitem zum Einkehren ein. Im übernächsten Haus (Nr. 8) wurde vor etwa 150 Jahren der Maler Anton Doll geboren.

Sein Vater war Lehrer und hatte 10 Kinder. Anton war hochbegabt und malte wunderschöne Landschaftsbilder. Auf der Londoner Kunstausstellung bekam er für eines seiner Bilder die goldene Medaille. Trotzdem lebten er und seine Familie in ständiger Geldnot. Als er nach langem schweren Leiden an Lungenschwindsucht starb, war er völlig verarmt. Wie ein Bettler wurde er zu Grabe getragen. Seine ganze Hinterlassenschaft waren ein Bett, ein Malschrank, eine Uhr, ein paar Kleider und eine Staffelei. Alles zusammen war nur 86,– DM wert. Würde er heute leben, wäre er sicherlich ein hochgeachteter, reicher Mann, denn als 1976 eines seiner Bilder den Besitzer wechselte, mußte der Käufer DM 40000,— bezahlen.

Am Haus Nr. 10 schmückt ein Steinrelief die Hausfront. Es zeigt sechs Hunde, die mit einem großen Ball spielen, es weist auf die ehemalige Straßenbezeichnung hin.

Man erzählt sich, daß in alter Zeit ein Rudel Hunde durchs Neuhauser Tor tobte und spielerisch eine Kugel vor sich herschob. Die Hunde durchzogen die ganze Neuhauser- und Kaufingerstraße und das Rosental. Durch die Sendlinger Straße ging's bis zur Hackenstraße, wo sie die Kugel liegenließen und auf Nimmerwiedersehen verschwanden.

Andere wiederum meinen, die ehemalige Ortsbezeichnung „An der Hundskugel" stamme von einem Badhaus, das sich hier befand. Seine Besucher waren arme Leute, sogenannte „Hundsfötte". Außerdem sollen dort auch die zum Tode Verurteilten gewaschen und geschoren worden sein.

Nach ein paar Schritten sehen wir am Haus Nr. 10 eine kostbare alte Hausmadonna. Nach 40jähriger Abwesenheit wurde sie jetzt wieder an ihrem angestammten Platz angebracht. Lange Zeit war es in München üblich, sein Haus mit einer Madonna zu schmücken. Man machte es dem Landesherrn Kurfürst Maximilian nach, der an

„seinem Haus", der Residenz, auch eine Madonna hatte anbringen lassen. Wir können auf unserem Spaziergang mehrere Beispiele dieser Art sehen.

Ein Stückchen weiter macht die Straße einen Knick und trägt ab hier den Namen „Brunnstraße". Wir stoßen direkt auf den Radspielerbrunnen. Die kleine gemütliche Straßenecke lädt zum Rasten ein. Wir können eine Weile das Rad in der Brunnenanlage beobachten, das sich, von einem Wasserstrahl angetrieben, spielerisch dreht. Das große Eckhaus auf der gegenüberliegenden Straßenseite ist das Radspielerhaus. Es hat im Laufe der Zeit viele hochstehende Persönlichkeiten beherbergt. Auch der berühmte deutsche Dichter Heinrich Heine hat hier eine Zeitlang gewohnt. Durch ein Schaufenster können wir auf einen stimmungsvollen kleinen Innenhof mit einem alten Brunnen blicken. Früher hat es viele solche Innenhöfe in München gegeben. Die Vergolderfamilie Radspieler, der das Haus seit 1848 gehörte, gab ihm seinen Namen.

Im Hackenviertel, durch das wir heute spazieren, gibt es noch viele sogenannte Hauszeichen. Eines haben wir schon gesehen, das Relief mit den spielenden Hunden. Mit diesen Hauszeichen hat es seine besondere Bewandtnis.

Früher konnten die meisten Leute weder schreiben noch lesen. Damit sich trotzdem jeder in der Stadt zurechtfinden konnte, brachte man an den Hauswänden und

-ecken verschiedene Bilder oder Zeichen aus Stein oder Holz an. Bis heute sind uns einige davon erhalten geblieben. Da gibt es noch das Rosen- und das Schäffler- eck, das Wurm- und das Kloibereck. Auch der Brauch der Wirtsleute, sogenannte „Nasenschilder" über die Ein- gangstür zu hängen, hat sich bis in unsere Zeit erhalten. Wir alle kennen solche kunstvoll geschmiedeten Eisen- schilder mit einer goldenen Krone, einem schwarzen Adler, einem Ochsen, einem Weinglas oder einem Hahn. Die Handwerker machten es in alter Zeit ebenso. Der Schuster hängte einen Stiefel über seine Ladentür, der Schmied ein Hufeisen über den Eingang zur Schmiede, der Bäcker eine Breze über die Backstubentür, der Wagner ein Wagenrad über die Werkstattür. Da die Häuser noch keine Hausnummern hatten, konnte eine Adresse, die heute z. B. „Hackenstraße 15" heißt, etwa so lauten: „Haus des Josef Angermeier, hinter dem Raben- berg, an der Hundskugel neben dem Haus des Hans Obermüller 3. Tür rechts".

In der Brunnstraße biegen wir links in den Asamhof, der 1983 fertiggestellt wurde und 100 Millionen DM gekostet hat. Der dritte kleine Laden auf der rechten Seite ist eine Besonderheit. Er bietet Spezielles für Linkshänder an. In der Mitte des Hofes sehen wir einen kleinen modernen Brunnen, an dem wir vorbeigehen bis zur „Skulpturen- straße". Wenn wir uns rechts halten, gehen wir an verschiedenen Kunstwerken aus Holz, Stein oder Metall vorüber. Sie wurden von zeitgenössischen Künstlern für ein Jahr aufgestellt. Dann sollen sie durch andere ersetzt werden.

Wenn wir nun geradeaus gehend den Asamhof verlassen, stoßen wir auf die Kreuzkirche. Als vor 500 Jahren die Grabfelder um die Peterskirche zu klein geworden waren, legte man an der Stadtmauer einen neuen Friedhof an mit einer Friedhofskirche, der Kreuzkirche. Ihr Erbauer ist Jörg Ganghofer, der auch die Frauenkirche und das Alte Rathaus erbaut hat. Der Friedhof wurde vor knapp 200 Jahren aufgegeben und die Gebeine aus den Gräbern zum Südlichen Friedhof gebracht. 21 Jahre später diente die Kirche dann mehrere Jahre als Pferdestall. Dann wurde sie an einen Maurer verschenkt, der sie abreißen lassen wollte. Zum Glück ist dies nicht geschehen. Jetzt ist sie Schulkirche der Schwerhörigen- und Sprachschule. Sie ist eine der letzten Kirchen der Stadt, deren Glocken noch mit der Hand geläutet werden.

Von der Kirche aus gehen wir links bis zur nächsten Kreuzung. Einst hieß sie „Am oberen Kreuz". Hier treffen die Kreuz-, die Brunn-, die Josephspital- und Damenstift-straße zusammen. Drei der vier Eckhäuser sind mit schönen alten Heiligenfiguren geschmückt. Ecke Brunn-/ Kreuzstraße sehen wir einen Baum aus Stein, der aus der Erde zu wachsen scheint. In seiner Krone sitzt Maria mit dem Jesuskind. Im Volksmund heißt dieses Hauszeichen „Madonna im Birnbaum". Das Haus schräg gegenüber ist mit einem geschnitzten heiligen Sebastian geschmückt.

Sebastian war ein Ritter im alten Rom, der seinen verfolgten christlichen Glaubensgenossen im Gefängnis Hilfe und Trost gab. Er wurde verraten und gefangengenommen. Man band ihn an einen Baum und durchbohrte ihn mit Pfeilen. Dann ließ man ihn liegen, weil man glaubte, er sei tot. Eine gutherzige Frau fand ihn, nahm ihn bei sich auf und pflegte ihn gesund. Kaum genesen, setzte er sich beim Kaiser wieder für die Christen ein. Da wurde er von seinen Gegnern mit Knüppeln erschlagen.

Etwa 80 Jahre alt ist die Madonna unter einem Metallbaldachin am Haus Ecke Damenstift-/Brunnstraße.

Die links abführende Josephspitalstraße hat ihren Namen vom St.-Joseph-Spital, das früher einige Schritte weiter auf der rechten Seite stand. Es war zunächst ein privates, später ein öffentliches Krankenhaus.

Wir gehen in die Damenstiftstraße, die einmal den Namen Schmalzstraße trug. Auf der linken Seite kommen wir zum wunderschönen Lerchenfeldpalais, in das nach dem Zweiten Weltkrieg das Städtische Bestattungsamt eingezogen ist. Zwei schöne alte Laternen mit vergoldeten Krönchen schmücken das Haus. Die Geschichte des Bestattungsamtes reicht 160 Jahre zurück.

Damals verordnete die Stadtverwaltung die Errichtung einer Leichenhalle. Dort mußten Tag und Nacht Lampen brennen und zwei Männer mußten Wache halten. Man hatte schreckliche Angst vor dem Scheintod und dem lebendig Begrabenwerden. Es wurden Apparate zur Ret-

115

tung von Scheintoten angeschafft, ein Mechaniker erfand eine Glocke, die auf dem Sarg angebracht wurde und vom Innern des Sarges aus geläutet werden konnte. Trotz all dieser Vorsichtsmaßnahmen hat es nie einen Fall gegeben, bei dem sich ein Scheintoter in letzter Minute bemerkbar gemacht hätte.

Auf der anderen Straßenseite, schräg gegenüber, beginnt der große Gebäudekomplex des St.-Anna-Damenstiftes, der sich bis ins Altheimer Eck zieht. Über dem Eingangstor ist ein wunderschönes Wappen angebracht. Das Stift war ein Heim für adelige Damen. Es wurden nur Anwärterinnen aufgenommen, die wirklich sehr sehr adelig waren. Sie mußten nämlich 16 adelige Vorfahren nachweisen. Heute ist in dem Gebäude eine Mädchen-Realschule. An der Ecke Damenstiftstraße/Altheimer Eck steht die Damenstiftskirche St. Anna. Die Innenausstattung stammt von den Brüdern Asam, deren Hauptwerk, die Asamkirche, wir auf unserem Spaziergang schon besichtigt haben. Eine Besonderheit in der Kirche ist das „Abendmahl" aus lebensgroßen Figuren links vor dem Altar.
Aus der Kirche kommend gehen wir in die Herzogspitalstraße, früher Roehrnspeckerstraße. Vor 500 Jahren wohnten hier viele berühmte Künstler. Gleich im Eckhaus Damenstift-/Herzogspitalstraße z. B. lebte der Bildhauer Hubert Gerhard, der die Mariensäule (1. Spaziergang) erschaffen hat. Haus Nr. 5 gehörte dem Maler Hans Mielich, der die Hausfront des Weinstadl in der Burgstraße

(4. Spaziergang) bemalte. Gleich nebenan, eine Inschrift an der Hausfront erinnert daran, war das Barthsche Seelhaus. Ein vornehmer Herr namens von Barth hat es gestiftet. Hier wohnten Mädchen und Witwen, die Kranke pflegten, Leichen wuschen und bei bestimmten Gelegenheiten gegen wenig Geld zum Beten herangezogen wurden (Betschwestern).

Im Weinhaus Neuner (Nr. 8), auf der anderen Straßenseite, wird seit 120 Jahren Wein verkauft. Der Maler Carl Spitzweg, der Komponist Richard Wagner, der Filmstar Hans Moser und die Volksschauspieler Karl Valentin und Liesl Karlstadt haben hier in den gemütlichen alten Räumen ihren Wein getrunken. Besonders schön ist das von Weinranken umschlungene Wirtshausschild. Daneben, im Haus Nr. 12, hat der bayerische König Max I. den letzten Abend seines Lebens verbracht.

Vor etwa 150 Jahren wohnte dort der russische Gesandte in Bayern, Graf Woronzow. Zu seinen prächtigen Festen lud der Graf viele berühmte Gäste ein. So feierte auch der König zusammen mit seiner Familie hier seinen Namenstag. Er vertrieb sich den Abend mit Kartenspielen, aber er fühlte sich anscheinend nicht wohl, denn er verließ das Fest schon früh und ließ sich nach Nymphenburg zurückfahren. Am nächsten Morgen fand ihn sein Kammerdiener tot im Bett.

Wir wechseln wieder die Straßenseite und kommen zur Herzogspitalkirche St. Elisabeth mit dem anschließenden Spitalgebäude. Das Spital diente ursprünglich der Pflege von Menschen, die an einer abscheuerregenden Krankheit litten. Später fanden hier alte und kranke Hofbedienstete Unterkunft. Durch die Passage unter dem Torturm gelangen wir in die Kirche. Auf dem rechten Seitenaltar steht die „Schmerzhafte Maria", ein berühmter Anziehungspunkt für viele Wallfahrer aus ganz Bayern.

Vor fast 300 Jahren betete in der Kirche die 10jährige Maria Franziska Johanna Schott. Plötzlich bemerkte sie, daß die Marienfigur die Augen bewegte und in der Kirche umhersah. Wie ein Lauffeuer verbreitete sich in Stadt und Land die Geschichte von diesem Wunder. Immer mehr Menschen strömten herbei, um die wunderwirkende Madonna zu sehen oder um Hilfe in der Not anzuflehen.

Durch die Seitentür der Kirche kommen wir in den Hof des Servitinnenklosters. Die Servitinnen gehören einem sehr strengen katholischen Frauenorden an. In früheren Zeiten durften sie sich keinem Mann zeigen. Nur der Arzt und der Pfarrer durften das Kloster betreten. Heute sind die Regeln nicht mehr so streng. Von einem Fenster aus, das zum Hof führt, verteilen die Nonnen eine kostenlose Suppe an arme und obdachlose Bürger. Durch eine Toreinfahrt gelangen wir wieder auf die Herzogspitalstraße. Nach ein paar Metern biegen wir rechts in die Herzog-Wilhelm-Straße ein. Ihr ehemaliger Name war Glockengasse. Auf der ganzen linken Seite bis zum Neuhauser Tor zog sich einst die Kreuzkaserne hin. Später war hier das Militärgefängnis. Am Karlstor endet unser Spaziergang.

9. Spaziergang
(sollte wegen der hohen Besucherzahl möglichst nicht an
Wochenenden unternommen werden. Am Montag sind
Schloß und Marstallmuseum geschlossen.)
Ausgangspunkt: Hauptgebäude Schloß Nymphenburg

Wenn wir mit der Straßenbahn oder dem Bus kommen,
steigen wir an der Haltestelle „Schloß Nymphenburg"
aus und gehen links in die südliche Auffahrtsallee. Wir
wandern unter den hohen Bäumen am Kanal entlang und
über den weiten Schloßplatz und stehen nach etwa 5
Minuten vor dem Schloß. Mit dem Auto können wir
direkt bis zum Ausgangspunkt vor dem Schloß fahren.
Bis vor rund 325 Jahren bestand das Gebiet der Schloßanlage nur aus Birkenwäldern und einem großen Bauernhof mit Wiesen und Feldern. Der bayerische Herrscher
Kurfürst Ferdinand Maria kaufte es für 10 000 Gulden
und schenkte es aus Dankbarkeit seiner Frau Henriette
Adelaide. Sie hatte ihm nämlich, nach langem Warten
und Hoffen, endlich den ersehnten Thronerben, Max
Emanuel, geboren. Die Kurfürstin gab einem italienischen Architekten auch sogleich den Auftrag, mit dem
Bau eines Schlosses zu beginnen. Es sollte ein Sommer-
und Jagdschloß im Stil einer italienischen Villa werden
und den Namen „Nymphenburg" (Nymphen = Natur-
göttinnen) erhalten. Aber Henriette Adelaide durfte sich
nicht mehr an ihrem Schloß erfreuen. Sie starb, als der
Rohbau fertig war. Der Kurfürst, der seine Frau sehr

119

geliebt hatte und sie viele Jahre lang betrauerte, ließ das Gebäude nach ihren Plänen fertigstellen. Sein Sohn Max Emanuel erweiterte 40 Jahre später Nymphenburg zu der gewaltigen Schloßanlage wie wir sie heute sehen. Im Winter wohnte die herzogliche Familie in der Residenz (5. Spaziergang) und im Sommer zog sie mit dem gesamten Hofstaat, der zeitweilig aus 4000 Personen bestand, ins Schloß Nymphenburg. Unzählige großartige Feste wurden dann gefeiert. Es gab Gondelfahrten auf den Kanälen, die mit tausenden von Lichtern geschmückt waren, und oft endete ein solches Fest mit einem herrlichen Feuerwerk. Schauspiele wurden aufgeführt, man gab Konzerte, lud zu Bällen und Pferderennen ein. Oft ging man auch auf die Jagd, denn in den Wäldern rings um das Schloßgelände gab es damals noch sehr viele Hirsche, Wildschweine, Hasen und Rebhühner. So wurden vor 200 Jahren an einem einzigen Tag von der fürstlichen Jagdgesellschaft 1367 Stück Wild erlegt. An der Kasse unter der Freitreppe holen wir uns nun eine ermäßigte Gesamtkarte, mit der wir auch das Marstallmuseum besuchen können (Kinder unter 15 Jahren in Begleitung Erwachsener haben freien Eintritt, Schüler und Personen ab 65 Jahren bekommen Ermäßigung). Wir steigen die Treppe hinauf und haben von hier oben einen guten Überblick über das großartige Rondell, das vor dem Schloß liegt. In der Ringmauer stehen, wie Perlen auf eine Schnur aufgereiht, 10 Kavaliershäuschen (zwei verstecken sich hinter dem linken und rechten

Seitenflügel). Jedes sieht ein bißchen anders aus. Hier wohnten Bedienstete des Hofes, Verwalter, Jäger oder Kutscher. Der Kanal führt um das Schloßgebäude herum, das dadurch wie auf einer Insel liegt, und durchzieht dann den ganzen Park hinter dem Schloß. In einem großen Bassin steigt aus einem Tuffsteinhaufen eine mächtige Fontaine empor, die sich im Fallen in Millionen kleine Tröpfchen auflöst und die vom Wind bis über die Kieswege geblasen werden. Das Rondell sollte einmal Ausgangspunkt für eine neue Stadtanlage sein. Diese „Carlstadt" wurde aber nie gebaut.

Durch das Hauptportal betreten wir nun den Steinernen Saal. Der hohe, helle Raum ist im Rokokostil erbaut. Das Wort „Rokoko" kommt von dem französischen Wort „Rocaille", das heißt Muschel. Wenn wir die reiche Verzierung aus Girlanden, Blumen und Engelchen betrachten, entdecken wir immer wieder Formen, die einer Muschel ähneln. Die Wände sind mit bunten Bildern bemalt und die Decke besteht aus einem einzigen Gemälde. Der 74jährige Künstler, Johann Baptist Zimmermann, brauchte zusammen mit seinem Sohn viele Monate, um es fertigzustellen. Wir wollen uns das Deckengemälde ein bißchen genauer betrachten. Auf der Parkseite sehen wir die Göttin Flora, der von Nymphen Blumen dargebracht werden. Im Zentrum der Decke, über einem Regenbogen, fährt der Gott Apoll auf seinem Sonnenwagen, umgeben von anderen Göttern. Auf der linken Seite ruht auf einer Wolke die Gartengöttin

Venus. Um sie herum lagern Nymphen und Engelchen. Rechts, ebenfalls auf einer Wolke schwebend, Diana, die Göttin der Jagd, inmitten von kleinen Engeln, Wald und Tieren. Auf der Stadtseite sehen wir noch einmal Apoll mit Minerva, der Schutzgöttin des Handwerks, wie sie die Musen (Göttinnen der Künste und Wissenschaften) unterweisen. Daneben unter einem Zelt der betrunkene Bacchus, er ist der Gott des Weines.

Wir gehen nach rechts und kommen in das erste Vorzimmer des Herrenflügels. Damals wohnten die Herren im rechten Teil des Schlosses und die Damen im linken. Das große Gemälde links zeigt uns Kurfürst Max Emanuel. Er war für Bayern kein guter Landesvater. Er hatte hochfliegende Pläne, die er rücksichtslos auszuführen versuchte. Er verbündete sich mit Österreich, das mit der Türkei im Krieg lag und befreite Wien von den Türken. 5 Jahre später gewann er eine weitere wichtige Schlacht und war von da ab in Europa ein berühmter Held. Wegen seiner blauen Uniform nannte man ihn nur den „blauen Kurfürsten". Seine siegreichen Schlachten haben Bayern viel gekostet. 30 000 Soldaten mußten ihr Leben lassen und die Bürger hatten 15 Millionen Gulden aufzubringen.

Auf dem Bild rechts neben der gegenüberliegenden Tür sehen wir die zweite Gemahlin von Max Emanuel, Kunigunde. Die polnische Königstochter soll geistlos und böse gewesen sein. Ihre Hochzeit mit Max Emanuel fand ohne die Brautleute statt. Erst 5 Monate später sahen sie sich zum ersten Mal. Die 19jährige Kunigunde war von Max Emanuel so entsetzt, daß sie auf der Stelle in ihre Heimat zurückkehren wollte. Die Ehe war sehr unglücklich, und der Kurfürst ließ sich aus ganz Europa die schönsten Frauen als Freundinnen kommen. Einige von ihnen sollen Spioninnen gewesen sein, die Max Emanuel nach seinen politischen Plänen aushorchten und diese dann an ihr Heimatland berichteten.

Wir verlassen den Raum durch die linke Tür und kommen in das 2. Vorzimmer, das auch Gobelinzimmer genannt wird wegen der kostbaren Gobelins (Wandteppiche), die die Wände schmücken. Rechts über dem Kamin hängt das Bild der österreichischen Kaisertocher Maria Antonia. Sie war die erste Frau von Max Emanuel. Als sie nach vielen Fehlgeburten wieder ein Kind erwartete, ging sie auf Wunsch ihres Vaters, Kaiser Leopold von Österreich, nach Wien zurück, um dort ihren Sohn Joseph Ferdinand auf die Welt zu bringen. Sie hat die schwere Geburt nicht überlebt und starb mit 23 Jahren im Kindbett. Vorher enterbte sie noch ihren verhaßten Ehemann Max Emanuel. Ihr Sohn wurde mit 6 Jahren zum Fürsten von Asturien ernannt. Er sollte Spanien und alle spanischen Besitzungen erben und somit zum König des größtes Reiches dieser Erde werden. Im festlichen Geleit wurde er in die Niederlande gebracht. Dort warteten 24 Kriegsschiffe, um ihn in sein fernes zukünftiges Reich zu bringen. Doch noch ehe die Flotte auslief, starb der kleine Prinz. Als Todesursache stellten die Ärzte eine fiebrige Magenentzündung fest. Das Volk aber munkelte von einem Giftmord aus politischen Gründen. Der nächste Raum war das Schlafzimmer des Kurfürsten. Daran schließt sich das kleine nördliche Kabinett an. Wir gehen zurück ins Gobelinzimmer und durch die linke Tür, an der Schönheitengalerie von Max Emanuel vorbei, in das anschließende Wappenzimmer. Von hier können wir in das Karl-Theodor-Zimmer blicken. Das hintere Bild auf der rechten Seite zeigt uns Kurfürst Karl Theodor, der vor etwa 200 Jahren in Bayern regiert hat, und rechts daneben seine erste Frau Elisabeth Auguste. Das Bild an der linken Seite stellt Karl Theodors 2. Frau Leopoldine dar. Sie war erst 17 Jahre alt, als sie den 71jährigen Kurfürsten heiratete. Vergeblich hoffte Karl Theodor, daß sie ihm einen Thronerben schenken würde. Leopoldine soll wegen eines Hüftschadens gehinkt haben, außerdem war ihre Haut für den damaligen Geschmack zu dunkel. Dafür war sie aber außergewöhnlich geschäftstüchtig. Nach dem Tode ihres Gatten legte sie ihr Geld in allen möglichen Geschäften an. Unter anderem kaufte sie sich das Café Annast am Odeonsplatz und ein Textilgeschäft, in dem sie auch selbst bediente.

Durch die nördliche Galerie kommen wir wieder zum Steinernen Saal, durchqueren ihn und gehen in das erste Vorzimmer des Damenflügels. Auf dem großen Bild auf der rechten Seite sehen wir Karl Albrecht, den Sohn von Max Emanuel und seiner zweiten Frau Kunigunde. Als 7jähriger wurde er von den feindlichen Österreichern nach Graz und Klagenfurt verschleppt. Niemand durfte ihm von seinen Eltern erzählen. Erst als er 18 Jahre alt war, durfte er seine Familie in München wiedertreffen. Das Frauenbildnis zeigt Karl Albrechts Frau, die österreichische Kaisertochter Amalie Maria. Sie war eine leidenschaftliche Jägerin. In männlicher Jagdkleidung ritt sie durch die Wälder um Nymphenburg. Zum Entsetzen der Hofgesellschaft auch dann noch, als sie ein Kind erwartete.

Durch den roten Salon kommen wir ins Schlafzimmer der Kurfürstin. Das Bett, das uns so klein erscheint, ist immerhin 2,30 m lang und 1,80 breit. Hinter der Tapetentür links neben dem Bett befindet sich der sogenannte Leibstuhl, wir würden heute „Plumpsklo" dazu sagen. Anschließend sehen wir das chinesische Lackkabinett.

Wir gehen zurück ins erste Vorzimmer und rechts durch die Galerie in die berühmte Schönheitengalerie von König Ludwig I. 36 schöne Frauen können wir hier bewundern. Es sind Prinzessinnen darunter, Schauspielerinnen, Tänzerinnen und einfache Bürgerstöchter. Vier der Bilder wollen wir uns etwas genauer betrachten. An der linken Wand, gleich neben der Tür ganz unten links, sehen wir Lady Ellenborough. Ihr Leben verlief wie ein abenteuerlicher Roman, und jahrzehntelang wurde über sie in ganz Europa geklatscht. Sie heiratete fünfmal und verließ ihre Männer auch bald wieder. Auf einer Reise in den Orient lernte sie einen syrischen Kameltreiber kennen. Ein Jahr lang zog sie mit ihm und mehreren Nebenfrauen durch die Wüste. Ganz nach Laune soll er sie mal zärtlich geliebt, mal brutal verprügelt haben. Als 50jährige ging sie nach London zurück, wo sie auch starb. Auf der Stirn trägt die schöne Lady ein damals sehr beliebtes Schmuckstück, in Frankreich „Ferronière" und in Deutschland „Seht hierher" genannt.

In der Bildergruppe rechts daneben schauen wir uns das unterste, rechte Bild an. Es stellt die Schusterstochter Helene Sedlmayr aus Trostberg dar. Das junge Mädchen mit dem Engelsgesicht trägt eine altbayerische Tracht mit einem Riegelhäubchen. Mit 14 Jahren kam Helene als Dienstmagd nach München. Dann fand sie in einem Spielwarengeschäft eine Anstellung als Botin. Eines Tages kaufte auch die Königin in diesem Geschäft für ihre Kinder Spielzeug ein und Helene mußte die gekaufte Ware in die Residenz bringen. Dort begegnete sie zufällig dem König, der von ihrer Schönheit so verzaubert war, daß er sich sofort in sie verliebte. Von da an erschien der König oft in dem Spielwarengeschäft, und die kleinen Prinzen und Prinzessinnen wunderten sich über das viele Spielzeug, das der sonst so sparsame Vater jedesmal mitbrachte. Später verheiratete der König Helene mit seinem schönsten Lakaien. Das junge Paar bekam in der Residenz eine Wohnung, denn der König wollte das schöne Mädchen auch weiterhin in seiner Nähe haben. Helene bekam 9 Söhne und 1 Tochter und starb nach einem glücklichen Leben im hohen Alter von 85 Jahren an einem Schlaganfall. Das äußerste Bild rechts unten, an der gegenüberliegenden Wand, zeigt uns Marie, Königin von Bayern. Sie war die Mutter von König Ludwig II., dem „Märchenkönig". Das

fröhliche junge Mädchen wurde bereits mit 17 Jahren Königin. Allerdings soll ihr Benehmen nicht immer sehr königlich gewesen sein. Es war stadtbekannt, daß sie nur zerrissene oder schiefgetretene Stiefel trug, obwohl sie jeden Monat ein Paar neue bekam. Die getragenen hatte sie, laut Vorschrift bei Hofe, an ihre Kammerfrau zu verschenken. Königin Marie kümmerte sich nicht darum, sie behielt ihre bequemen Schuhe und gab die neuen ihrer Zofe. Ihre Angewohnheit, mit ihren beiden Söhnen in den langen Gängen des Schlosses Fangen zu spielen, fand bei der vornehmen und steifen Hofgesellschaft auch keinen besonderen Anklang. Zum Leidwesen ihres Mannes ließ sie sich und ihre Familie mindestens dreimal in der Woche fotografieren. Nach Maries Tod fand man in 4 großen Wandschränken 327 Alben, vollgeklebt mit Bildern.

An der rechts anschließenden Wand ganz unten links sehen wir die Tänzerin Lola Montez. Ihr abenteuerliches Leben führte sie durch ganz Europa. Überall, wo sie auftrat, gab es Skandale. Als sie nach München kam, wurde sie auch dem König vorgestellt. Dessen Herz stand sofort in Flammen. Er kaufte ihr ein Haus und erhob sie in den Adelsstand. Lola nützte die Gunst des Königs aus und verlangte immer mehr. Schließlich mischte sie sich auch in die Regierungsgeschäfte ein. Da war es mit der Geduld der Münchner zu Ende. Sie gingen zum Zeughaus am Jakobsplatz (2. Spaziergang), holten sich Pistolen und Gewehre, zogen vor die Residenz und verlangten vom König die Verbannung der schönen Lola. Als sie in einer Kutsche die Stadt verließ, jubelte die Volksmenge. Den König kostete dieses Abenteuer Krone und Thron. Er dankte ab und überließ seinem Sohn die Regierungsgeschäfte. Lola zog von München aus weiter durch die Welt. Bald tauchte sie in Europa auf, bald bei den Goldgräbern in Kalifornien oder Australien. Im Alter von 42 Jahren starb sie in New York. Sie war völlig verarmt.

Durch die Tür rechts neben der Bildergruppe kommen wir in den Blauen Salon. Er wurde einst als Konferenzzimmer benutzt. Die linke Tür dieses Zimmers führt in den Schlafraum der Königin. Hier hat Marie, deren Bild wir in der Schönheitengalerie gesehen haben, ihren Sohn Ludwig, den späteren Märchenkönig, auf die Welt gebracht. Über den Spiegel, den wir von der Tür aus sehen können, haben 6 Regierungsvertreter die Geburt beobachtet, aus Angst, man könne ihnen ein fremdes Kind als Thronfolger unterschieben. Wir gehen zurück zum Steinernen Saal und verlassen das Schloß. Am Fuß der Treppe halten wir uns links und gehen durch ein Tor unter der Galerie hindurch in den Park. Wir sehen schmale, bunte Blumenbeete, geschnittene Heckenwände und gepflegte Rasenflächen. Am Weg entlang stehen Götterfiguren und Vasen aus Marmor. Hinter der großen Fontaine zieht sich der Kanal schnurgerade bis ans Ende des Parks. Hier ist alles geordnet und wie mit dem Lineal gezogen. Links und rechts geht der Park in dichten Laubwald über. Zwischen den hohen alten Bäumen sind kleine Schlößchen und verträumte Seen versteckt.

Am Schloß entlang gehen wir geradeaus auf einem schmalen Weg in den Wald. Hinter einer kleinen Brücke kommen wir rechts zum Prinzengärtchen, in dem ein hölzernes Gartenhaus steht. Sein kuppelförmiges Dach krönt eine goldene Kugel und ein Halbmond. Hier war der Spielplatz der Königskinder. Gut geschützt durch den Zaun, hinter dem gleich das Jagdgebiet begann, konnten die kleinen Prinzen und Prinzessinnen in dem schmalen Bach plantschen, auf der Wiese oder im „Hexenhaus", so nannten die Kinder das Gartenhaus, spielen.

Aus dem Gärtchen kommend halten wir uns rechts und gehen geradeaus unter der südlichen Galerie hindurch zum Marstallmuseum, das sich im rechten, langgezogenen Seitengebäude befindet. Das Museum enthält eine Sammlung von prächtigen Kutschen und Schlitten. Früher war in diesem Gebäude der Pferdestall des Schlosses. Daher auch der Name „Marstall", der von dem althochdeutschen „Mara" = Mähre = Pferd kommt.

Zunächst betreten wir den linken Ausstellungsraum. In der mittleren Reihe steht, von 8 Pferden mit kostbaren Geschirren gezogen, der prachtvolle Krönungswagen Karl Albrechts (Kat.-Nr. 1), der vor etwa 240 Jahren in Paris gebaut wurde. Er ist ganz aus Eichenholz, mit handgeschnitzten Verzierungen geschmückt und mit reinem Blattgold überzogen. Das Riemenwerk ist mit rotem Samt belegt, ebenso das Innere des Wagens. Alle waren sich darüber einig, daß es niemals eine Krönung gegeben habe, die glänzender und herrlicher war, als die von Karl

Albrecht zum Kaiser Karl VII. Aber Karl Albrecht, dem das Volk in seiner goldenen Kutsche zujubelte, fühlte sich elend und krank. Er litt an Gicht und Steinschmerzen.

Auf der rechten Seite der sogenannte Erste Münchner Krönungswagen (Kat.-Nr. 16). König Max I. ließ ihn von Münchner Handwerkern und Künstlern erbauen. Auch dieser Wagen ist reich verziert. Das Schönste daran ist die goldene Königskrone mit Zepter und Schwert auf dem Dach.

Gegenüber, auf der linken Seite (Kat.-Nr. 10 u. 11), sehen wir zwei Sänften. In ihnen ließen sich vornehme Leute von Dienern tragen.

Daneben steht der Zweite Münchner Krönungswagen (Kat.-Nr. 5).

Im nächsten Raum stehen 3 etwa 250 Jahre alte Rennschlitten (Kat.-Nr. 12, 9 und 6). Nr. 6 ist der sogenannte Herkulesschlitten. Er hat die Form einer Hydra, das ist ein drachenartiges Fabeltier. In ihrem Körper ist der Sitz für den Passagier und zwischen den feuerspeienden Köpfen steht der für seine Stärke berühmte Halbgott Herkules und holt mit einer Keule zum Schlag aus.

Daneben ein altes Karussell (Kat.-Nr. 41). Es ist etwa 175 Jahre alt und soll das erste sein, das in Europa gebaut wurde. König Ludwig I. hat es für seine Kinder im Prinzengärtchen aufstellen lassen. Die beiden Pferde waren für die Buben, die Sitze für die Mädchen. Um das Karussell herum standen 5 Holzpfosten mit geschnitzten Köpfen obendrauf, die Pappnasen trugen. 2 dieser Pfosten können wir hier noch sehen. Während zwei Diener das Karussell nachschoben, versuchten die Buben mit Säbeln die Köpfe von den Pfosten zu schlagen, während die Mädchen mit Pfeilen auf die Pappnasen zielten.

Im Durchgang zum nächsten Raum hängt auf der rechten Seite ein Bild, das uns König Ludwig II. auf einer nächtlichen Schlittenfahrt durch das verschneite Land zeigt. Ein Reiter bildet die Vorhut. Dahinter ziehen vier Pferde den Prunkschlitten mit der beleuchteten Krone. Unheimlich und märchenhaft muß es den Menschen vorgekommen sein, wenn sie ihren einsamen König so durch die kalte Winterlandschaft fahren sahen. Den Prunkschlitten (Kat.-Nr. 33) können wir im anschließenden Raum bewundern. Er steht hinter dem sogenannten Nymphenschlitten des Königs (Kat.-Nr. 34).

Die nächste Kutsche war der Prunkwagen von König Ludwig II. (Kat.-Nr. 36). Ursprünglich war sie als Hochzeitskutsche gebaut worden. Nachdem der König aber die bereits geplante Hochzeit wieder abgesagt hatte, wurde die Kutsche für besondere festliche Anlässe verwendet. Sie ist ganz mit Blattgold belegt. Die Kastenfelder sind mit bunten Bildern verziert. Überall sind Ranken, Blüten, Engelchen und Löwenköpfe angebracht. Auf dem Dach heben posaunenblasende Engel eine Krone empor. Das Innere des Wagens ist mit blauem, goldbesticktem Samt verkleidet. Vorne, auf dem Bock, der mit einer reichbestickten Decke überzogen ist, saß der Kutscher. Hinten standen auf einer Brücke die Wächter, die auch als Bremser tätig waren.

Wenn es bergab ging, steckten sie lange Stangen zwischen die Speichen der hinteren Räder und konnten damit die Kutsche abbremsen oder zum Stehen bringen.

Der nächste Wagen ist der sogenannte Kleine Galawagen (Kat.-Nr. 40). Auch er gehörte König Ludwig II. Er hat ihn für seine Krönung bauen lassen, später benützte er ihn als Privatkutsche. Sechs Pferde wurden davorgespannt und im Winter konnte er in einen Schlitten verwandelt werden.

Im rechten Seitenraum können wir uns noch „Cosa Rara", das Lieblingspferd des Königs anschauen. Er hat so an ihm gehangen, daß er es nach seinem Tod präparieren und ausstopfen ließ.

Wir gehen nun zum Ausgang zurück und betreten den gegenüberliegenden Teil des Museums.

Die Fahrzeuge, die wir hier sehen, wurden im vorigen Jahrhundert benützt. Die Bauweise war leichter und die Federung viel besser, darum waren sie bequemer, beweglicher und schneller als die alten Prunkwagen.

Bevor wir unseren Spaziergang beenden, schauen wir uns im letzten Raum noch zwei Kinderfahrzeuge an, die aus einer Zeit stammen, in der es noch keine Roller und Fahrräder gab.

Die zierliche Kinderkutsche (Kat.-Nr. 7) hat ein zusammenlegbares Verdeck und ist etwa 180 Jahre alt.

Die kleine Gartenkalesche (Kat.-Nr. 14) hat ein Verdeck, das wie eine aufgeschnittene gelbe Melone aussieht. In ihr wurden vor etwa 250 Jahren die kleinen Prinzen und Prinzessinnen durch den Park gezogen.

Öffnungszeiten und Eintrittspreise der Museen:

Alte Pinakothek, Barerstraße 27
täglich (außer Montag) 9.00–16.30 Uhr
Abendöffnung Dienstag und Donnerstag von 19–21 Uhr
Eintritt: Erwachsene DM 3,50, Schüler mit Ausweis DM –,50,
Kinder unter 14 J. frei, an Sonn- und Feiertagen frei

Deutsches Jagd- u. Fischereimuseum, Neuhauser Straße 53
1. Mai – 31. Oktober: täglich 9.30–17.00 Uhr
Abendöffnung: Montag 19.00–22.00 Uhr
1. November – 30. April: Dienstag – Sonntag 9.30–16.00 Uhr
Abendöffnung: Montag 19.00–22.00 Uhr
Das Museum ist auch an Feiertagen geöffnet
Eintritt: Erwachsene DM 3,–, Schüler mit Ausweis DM 1,50,
Kinder von 3–6 J. DM –,50, Kinder bis 3 J. frei

Münchner Stadtmuseum, St.-Jakobs-Platz 1
Montag geschlossen
Dienstag – Samstag 9.00–16.30 Uhr
Sonn- und Feiertage 10.00–18.00 Uhr
Eintritt: Erwachsene DM 3,–, Schüler u. Studenten mit Ausweis,
Rentner, Schwerbehinderte u. Arbeitslose DM 1,50, Kinder unter
6 J. frei, an Sonn- und Feiertagen frei

Schloß Nymphenburg
täglich (außer Montag)
1. April – 30. September
Schloß: 9.00–12.30 Uhr und 13.30–17.00 Uhr
Marstall: 9.00–12.00 Uhr und 13.00–17.00 Uhr
1. Oktober – 31. März
Schloß: 10.00–12.30 Uhr und 13.30–16.00 Uhr
Marstall: 10.00–12.00 Uhr und 13.00–16.00 Uhr
Eintritt: ermäßigte Gesamtkarte für Schloß und Marstall Erwachsene
DM 5,– Kinder, Studenten und Schüler mit Ausweis, Personen über
60 J. DM 3,–, Kinder unter 15 J. in Begleitung Erwachsener frei

Schatzkammer der Residenz, Max-Joseph-Platz 3
Montag geschlossen
Dienstag – Samstag 10.00–13.00 Uhr
Eintritt: Erwachsene DM 2,50, Schüler und Studenten mit Ausweis
DM 1,50, Kinder unter 15 J. in Begleitung Erwachsener frei

Spielzeugmuseum, im Alten Rathausturm am Marienplatz
Montag geschlossen
Dienstag – Samstag 10.00–17.30 Uhr
Sonn- und Feiertage 10.00–18.00 Uhr
Eintritt: Familienkarte DM 5,–, Erwachsene DM 3,–,
Kinder DM 1,–

Valentin-Musäum, im Isartorturm
Mittwoch, Donnerstag und Freitag geschlossen
Montag, Dienstag und Samstag 11.01–17.29 Uhr
Sonntag 10.01–17.29 Uhr
Eintritt: Erwachsene 199 Pfennige, Kinder, Schüler u. Studenten mit
Ausweis 99 Pfennige

Quellenverzeichnis

Wittner, Ernst: Kleine Geschichte Münchens, Richard Pflaum
Verlag, München 1959

Richardi, Hans-Günter: München neu entdeckt, BLV Verlagsgesell-
schaft mbH, München, 1972

Hollweck, Ludwig: München – Liebling der Musen, Paul Zsolnay
Verlag GmbH, Wien/Hamburg, 1971

Schrott, Ludwig: Münchner Alltag in acht Jahrhunderten, Verlag
Heinrich Hugendubel, München, 1975

Schinzel-Penth, Gisela: Sagen und Legenden von München, Buch-
und Bildverlag, Frieding, 1979

Stieren, Bruno: Stadtführer München, Süddeutscher Verlag GmbH,
München 1982

Joos, Louis: München: eine Stadtgeschichte für Kinder, Bibliographi-
sches Institut, Mannheim 1979

Elfi Zuber: Der Alte Nördliche Friedhof, Verlag Angerer, München,
1983

Bürger schreiben für Bürger: Das Hackenviertel, Institut Bavaricum,
München, Elfi Zuber, 1984

Benedikt Hirschbold: Münchner Heimatbuch, Franz Ehrenwirth
Verlag, München, 1950

Bildnachweis

Wilhelm Maier-Solgk, München:
S. 15, 27, 45, 57, 73, 83, 101, 111, 127;
Rudolf Stehle, München:
S. 21, 29, 35, 41, 55, 63, 75, 81, 85;

Wir danken für die freundliche Abdruckgenehmigung.